De Eeuwige Waarheid

De Eeuwige Waarheid

Sri Mata Amritanandamayi
beantwoordt vragen over het hindoeïsme.

Mata Amritanandamayi Center, San Ramon
Californië, Verenigde Staten

De Eeuwige Waarheid

Sri Mata Amritanandamayi beantwoordt vragen over het hindoeïsme
Samengesteld door Swami Jnanamritananda Puri

Uitgegeven door:
Mata Amritanandamayi Center
P.O. Box 613
San Ramon, CA 94583
Verenigde Staten

—————— *The Eternal Truth (Dutch)* ——————

Eerste uitgave van het MA Center: mei 2016

In Nederland:
ww.amma.nl
info@amma.nl

In België:
www.vriendenvanamma.be

In India:
www.amritapuri.org
inform@amritapuri.org

Voorwoord

"De waarheid is één, de wijzen geven het verschillende namen." Dit is de verheven boodschap die de oude Indiase beschaving de wereld heeft gegeven. De oorzaak van alle huidige problemen in verband met religie is dat we deze boodschap vergeten zijn. We kunnen zeggen dat de wereld gekrompen is tot de afmeting van een dorp door de globalisering en moderne wetenschappelijke uitvindingen als het internet en de satelliet-tv, maar tegelijkertijd neemt de afstand tussen de mensen gestaag toe. De idee die India de wereld gegeven heeft, *vasudhaiva kutumbakam,* de hele wereld is mijn familie, is gebaseerd op de fundamentele eenheid en feitelijke verbondenheid van ons allemaal. De uiteindelijke oplossing voor onze problemen is het assimileren van dit principe van eenheid. Zelfs als we dit niet kunnen doen, moeten we op zijn minst een houding van respect voor de standpunten en ideeën van andere mensen ontwikkelen. De wereld heeft tolerantie en begrip heel hard nodig. De principes van Sanatana Dharma, het Eeuwige Principe, die in de woorden van de *rishi's* (gerealiseerde heiligen) zijn uitgedrukt, kunnen ons in die richting leiden. Deze principes zijn goddelijke bakens die licht werpen op onze weg naar perfectie. Sanatana Dharma belichaamt de eeuwige waarheden die iedereen, ongeacht religie, kaste of cultuur, in het leven kan opnemen en toepassen.

Dit boek bevat het eerste deel van een verzameling van Amma's antwoorden op vragen over de principes van Sanatana Dharma. Deze vragen werden bij verschillende gelegenheden door volgelingen gesteld. We hopen dat dit boek een begrip van de principes van Sanatana Dharma zal bevorderen.

De uitgevers

ॐ

Vraag: Wat zijn de bijzondere kenmerken van het hindoeïsme?

Amma: Mijn kinderen, volgens het hindoeïsme is er goddelijkheid in alles. Iedereen is een belichaming van God. Mensen en God zijn niet twee, zij zijn één. Goddelijkheid is in iedere mens latent aanwezig. Het hindoeïsme leert dat iedereen de goddelijkheid in zich kan realiseren door zich daarvoor in te spannen. De Schepper en de schepping zijn niet gescheiden. De Schepper (God) manifesteert zich als de schepping. In het hindoeïsme wordt het realiseren van deze non-duale waarheid als het uiteindelijke doel in het leven beschouwd.

De droom is niet gescheiden van de dromer, maar we moeten wakker worden om te zien dat wat we ervaren hebben een droom is. Hoewel alles God is, ervaren we alles om ons heen als gescheiden, omdat we nog niet voor dat bewustzijn wakker zijn geworden. We voelen gehechtheid aan sommige dingen en afkeer van andere. Hierdoor zijn geluk en verdriet de aard van het leven geworden.

Als we wakker worden voor ons ware wezen, is er geen 'ik' of 'jij', alles is God. Wat overblijft is alleen gelukzaligheid. Het hindoeïsme leert dat er vele wegen zijn om ons wakker te maken voor deze ervaring, afhankelijk van ieders *samskara*[1]. Er is waarschijnlijk geen religie die zoveel verschillende wegen, oefeningen en ceremonies heeft.

We kunnen klei in de vorm van een ezel, een paard, een muis of een leeuw vormen. Hoewel ze verschillen in naam en vorm, zijn ze in feite niets anders dan klei. We hebben het oog nodig om te zien dat klei het materiaal is waarvan al die namen en vormen zijn gemaakt. Dus de manier van waarnemen waarbij we het universum met verschillende namen en vormen zien, moet opgegeven worden. Het ene Hoogste Principe heeft zich tot al die vormen getransformeerd. Dus in het hindoeïsme is alles God. Er is niets wat niet God is. Het hindoeïsme leert ons te houden van dieren, vogels, reptielen, bomen, planten, bergen,

---

[1] Samskara heeft twee betekenissen: het totaal van indrukken die in de geest zijn ingeprent door ervaringen uit dit of vorige levens en die het leven van een mens beïnvloeden, zijn aard, handelingen, geestesgesteldheid, enz. Ten tweede: het opkomen van het juiste begrip of kennis in iemand, wat tot de verfijning van zijn karakter leidt.

rivieren, van alles, ja zelfs van een dodelijk giftige cobra, en alles te dienen.

Wanneer we de uiteindelijke ervaring bereiken, realiseren we ons dat dit universum niet van ons gescheiden is, zoals de verschillende organen in ons lichaam niet van ons gescheiden zijn. Ons bewustzijn dat tot nu toe beperkt is geweest tot ons lichaam, verruimt zich tot het het hele universum omvat. Niets is uitgesloten van dit bewustzijn. Zij die de Waarheid kennen, ervaren het lijden en het verdriet van anderen als het hunne, zoals wij ons van pijn bewust worden wanneer een doorn in onze voet prikt. Mededogen wordt hun ware aard, zoals hitte de aard van vuur is, koelte de aard van water en geur en schoonheid de aard van een bloem. Anderen troosten is hun aangeboren aard. Als onze vinger per ongeluk in ons oog steekt, vergeven we onze vinger en we strelen en troosten het oog, omdat de vinger en het oog niet van ons gescheiden zijn.

Het doel van het hindoeïsme is ons naar de ervaring te leiden dat alle wezens een deel van onszelf zijn. Wanneer ons bewustzijn zich verruimt van een beperkt lichaamsbewustzijn naar het omvatten van het hele universum en we onze eenheid met God ervaren, dan bereiken we perfectie. Sanatana Dharma leert ons de manier om God overal in het universum te zien en zo te ervaren dat we niet van God gescheiden zijn. Er worden verschillende wegen voorgesteld om dit te bereiken, zoals de weg van onbaatzuchtig handelen (*karma yoga*), de weg van devotie (*bhakti yoga*), de weg van zelfonderzoek (*jnana yoga*) en de weg van meditatie (*raja yoga*).

De hindoereligie wordt Sanatana Dharma genoemd, het Eeuwige Principe, omdat die geschikt is voor ieder land in ieder tijdperk. Het leert de eeuwige waarheden voor de verheffing van alle werelden[2]. Het hindoeïsme streeft de opwaartse vooruitgang van iedereen na. In het hindoeïsme is geen ruimte voor sektarisme of bekrompenheid.

> *Om asato ma sadgamaya*
> *tamaso ma jyotirgamaya*
> *mrityor ma amritamgamaya*

> O Opperwezen,
> Leidt ons van onwaarheid naar waarheid,
> Van duisternis naar licht,
> en van dood naar onsterfelijkheid.

> *Brihadaranyaka Upanishad 1.3.28*

[2] De hemel, aarde en onderwereld.

Om purnamadah purnamidam
purnat purnamudachyate
purnasya purnamadaya
purnam evavasishyate

Dat is het geheel, dit is het geheel.
Uit het geheel komt het geheel voort.
Wanneer het geheel van het geheel wordt
weggenomen,
Blijft alleen het geheel over.[3]

Dit zijn mantra's die de grote heiligen ons hebben nagelaten en in deze mantra's kunnen we zelfs geen spoortje van een standpunt vinden dat iemand als 'anders' of gescheiden ziet.

De *rishi's*, India's wijzen uit de oudheid, waren verlichte zieners, die de onverdeelde Hoogste Waarheid gerealiseerd hadden. En deze Waarheid stroomde in hun woorden, zodat die nooit onwaar waren.

"God verblijft zelfs in deze pilaar," zei de jonge Prahlada als antwoord op de vraag van zijn vader. Dit bleek waar te zijn. God manifesteerde zich

---

[3] Als we duizend lichtjes met één licht aansteken, vermindert de helderheid van dat ene licht niet. Alles is heel, volledig. Deze bekende mantra is het gebed om vrede in de Upanishaden van de Shukla Yajurveda.

uit die pilaar. Daarom zegt men dat de woorden van de heiligen waar worden. Gewoonlijk vindt een geboorte plaats door de baarmoeder van de moeder, maar ook het besluit, de idee van een rishi manifesteert zich als een nieuwe schepping. Met andere woorden, wat de *rishi's* zeggen, wordt de waarheid. Ieder woord van die heiligen, die zich volledig bewust waren van het verleden, het heden en de toekomst, werd geuit met ook de toekomstige generaties voor ogen.

De koelkast koelt, de verwarming verwarmt, de lamp geeft licht, de ventilator doet de lucht stromen, maar het is dezelfde elektrische stroom die al die apparaten laat werken. Zou het redelijk zijn te zeggen dat de stroom in een van die apparaten superieur is aan de stroom die door de andere gaat, alleen omdat de apparaten een andere functie hebben en niet even duur zijn? Om te begrijpen dat de elektriciteit hetzelfde is, hoewel de instrumenten verschillend zijn, moeten we de wetenschap achter die instrumenten kennen en wat praktische ervaring met het onderwerp hebben. Op dezelfde manier is de innerlijke essentie, het Bewustzijn, dat in ieder voorwerp in het universum verblijft, een en hetzelfde, hoewel die voorwerpen allemaal verschillend lijken te zijn als we ze van de buitenkant bekijken. Door onze spirituele oefening moeten we het oog der wijsheid ontwikkelen om dit te zien. De grote *rishi's*, die de waarheid door directe ervaring leerden kennen, gaven de waarheid aan volgende generaties door. Het is deze filosofie, die de *rishi's* ons gegeven hebben, die de levenswijze van de mensen in India vorm gegeven heeft.

'Hindoe' is de naam die gegeven werd aan de mensen die deze cultuur over het algemeen volgden. Het is niet echt een religie. Het is een manier van leven. Het Sanskriet woord '*matham*' (religie) heeft ook een algemenere betekenis: gezichtspunt. Deze specifieke cultuur is het eindresultaat van de ervaringen van vele *rishi's* die in verschillende tijdperken leefden en direct de Uiteindelijke Waarheid ervoeren. Daarom is Sanatana Dharma niet een religie die door één persoon geschapen is, noch is het een onderricht dat in een enkel boek is opgeslagen. Het is een allesomvattende levensfilosofie.

De grote zielen die in verschillende tijdperken in verschillende landen leefden, gaven hun leerlingen instructies hoe ze God (of de Hoogste Waarheid) konden bereiken. Deze instructies werden later verschillende religies. Maar wat in India Sanatana Dharma werd, bestaat uit de eeuwige principes, waarden en ethische leringen die aan een groot aantal gerealiseerde zielen als hun eigen ervaring werden geopenbaard. Later werd dit bekend als hindoeïsme. Het is alomvattend.

Sanatana Dharma staat er niet op dat God alleen bij een bepaalde naam genoemd kan worden of dat God alleen langs één voorgeschreven weg bereikt kan worden. Sanatana Dharma is als een reusachtige supermarkt waar alles verkrijgbaar is. Het geeft ons de vrijheid om elke weg te volgen die de grote gerealiseerde zielen hebben aangewezen en zelfs om een nieuwe weg naar het doel te openen. Er is zelfs de vrijheid om wel of niet in God te geloven.

Wat Sanatana Dharma bevrijding noemt is de uiteindelijke verlossing van menselijk verdriet en lijden. Er wordt echter niet op aangedrongen dat er slechts één weg is om dat doel te bereiken. De spirituele meester stelt een methode voor die het beste past bij de fysieke, mentale en intellectuele gesteldheid van de leerling. Alle deuren kunnen niet met dezelfde sleutel geopend worden. Op dezelfde manier hebben we om onze geest te openen verschillende sleutels nodig die bij onze verschillende *samskara's* en niveaus van begrip passen.

Hoeveel mensen profiteren er van een rivier die slechts één loop volgt? Als de rivier echter door een aantal kanalen stroomt, zullen de mensen die langs de oevers van al die kanalen wonen er voordeel bij hebben. Op dezelfde manier kunnen meer mensen het onderricht in zich opnemen, omdat spirituele leraren verschillende wegen leren. Een doof kind moet iets door gebarentaal leren. Een blind kind wordt door braille onderwezen, door de tastzin. En als een kind zwakzinnig is, moeten we tot zijn niveau afdalen en de dingen op een eenvoudige, begrijpelijke manier uitleggen. Alleen wanneer het onderwijs aan de verschillende studenten is aangepast, kunnen ze absorberen wat er onderwezen wordt. Op dezelfde manier onderzoeken spirituele meesters de mentale houding en *samskara* van ieder leerling en beslissen in overeenstemming daarmee welke weg ze hem voor moeten schrijven. Hoe verschillend de wegen ook zijn, het doel is altijd hetzelfde: de Uiteindelijke Waarheid.

In Sanatana Dharma worden de kleren die voor iedereen gemaakt worden, niet op dezelfde maat gesneden. Verder moet voor iedereen het kledingstuk misschien op een bepaald moment vermaakt worden om te passen bij het stadium van ontwikkeling.

Spirituele wegen en oefeningen moeten vernieuwd worden in overeenstemming met de tijd. Dit is de bijdrage die de grote zielen aan Sanatana Dharma geleverd hebben. Deze dynamiek en ruimdenkendheid zijn het kenmerk van het hindoeïsme.

Als aan een zuigeling die borstvoeding krijgt, vlees gegeven wordt, zal hij dat niet kunnen verteren. De baby zal ziek worden en dit zal ook een ontbering voor anderen zijn. Er wordt een verscheidenheid aan voedsel aangeboden afhankelijk van de kracht van de spijsvertering en de smaak van de verschillende mensen. Dit houdt de mensen gezond. Op dezelfde manier is in Sanatana Dharma de manier van aanbidden verschillend voor verschillende mensen in overeenstemming met hun *samskara*. Iedereen kan de methode kiezen die het beste bij hem past. Aan welke weg we de voorkeur ook geven, welk pad ook het beste is voor onze individuele aard, het kan in Sanatana Dharma gevonden worden. Zo ontstonden talloze spirituele wegen zoals *jnana yoga, bhakti yoga, karma yoga, raja yoga, hatha yoga, kundalini yoga, kriya yoga, svara yoga, laya yoga, mantra yoga, tantra* en *nadopasana*.

In Sanatana Dharma bestaat geen tegenstrijdigheid tussen spiritualiteit en een werelds leven (leven in een gezin). Het wijst een werelds leven niet af in de naam van spiritualiteit. In plaats daarvan leert het dat je leven door spiritualiteit rijker wordt en meer betekenis krijgt.

De rishi's bouwden ook de materiële wetenschappen en kunst op met spiritualiteit als grondslag. Zij zagen de wetenschappen en de kunst als stappen die naar de Uiteindelijke Waarheid leiden en formuleerden die op een manier die uiteindelijk naar God leidt. In India ontwikkelden zich op die manier talloze takken van wetenschap: taalkunde, architectuur, *vastu*, astronomie, wiskunde, geneeskunde, diplomatie, economie, *natya shastra*, muziekwetenschap, de wetenschap van de erotiek, logica en *nadi shastra*, om maar enkele gebieden te noemen. Sanatana Dharma ontkent of verwerpt geen enkel gebied van het menselijke leven of cultuur. De traditie die in India bestond was er een die alle kunsten en wetenschappen aanmoedigde.

Omdat erkend werd dat het Goddelijke Bewustzijn in alle bewuste en levenloze dingen bestaat, ontwikkelde er zich een traditie in Sanatana Dharma dat alles met respect en eerbied behandeld moest worden. De grote rishi's zagen vogels, dieren, planten en bomen zonder de minste afkeer of gebrek aan respect. Zij beschouwden alle wezens als directe manifestaties van God. Daarom werden er zelfs tempels voor slangen en vogels gebouwd. Zelfs de spin en de hagedis kregen een plaats bij de tempelaanbidding. Sanatana Dharma leert dat een mens zelfs de zegen van een mier moet verdienen om perfectie te bereiken. In de *Bhagavatam*[4] is een verhaal over een *avadhuta*[5] die vierentwintig guru's aanneemt, waaronder vogels en dieren. We moeten de houding hebben dat we altijd een beginneling zijn, omdat we van alle wezens lessen kunnen leren.

De rishi's namen Gods aanwezigheid ook in levenloze voorwerpen waar. Zij zongen: *Sarvam brahmamayam, re re sarvam brahmamayam.* "Alles is Brahman, alles is de essentie van het Allerhoogste." Tegenwoordig zeggen wetenschappers dat alles uit energie bestaat. De mensen in India, die

---

[4] Een van de achttien geschriften die bekend staan als de Purana's. De Bhagavatam gaat over de incarnaties van Vishnu en behandelt zeer uitvoerig het leven van Heer Krishna. Het benadrukt de weg van devotie en is ook bekend als Srimad Bhagavatam.

[5] Een gerealiseerde ziel die de sociale conventies niet volgt. Volgens gebruikelijke normen worden avadhuta's als uiterst excentriek beschouwd.

in de woorden van de rishi's geloven, buigen voor alles met devotie, omdat ze alles als God zien.

Amma[6] herinnert zich bepaalde dingen uit haar jeugd. Als ze per ongeluk op een stuk papier trapte, dat in het afval geveegd was, raakte ze het aan en boog ervoor. Als ze dat niet deed, kreeg ze een pak slaag van haar moeder. Amma's moeder vertelde haar dat dat papier niet gewoon een stuk papier was; het was de Godin Saraswati, de Godin van Kennis zelf.

Op dezelfde manier werd haar geleerd dat ze de koeienpoep waar ze per ongeluk op getrapt had, moest aanraken als een teken van respect. Koeienpoep doet het gras groeien. De koeien eten dat gras en geven ons melk. Wij gebruiken die melk.

Amma's moeder leerde haar dat we een drempel nooit met onze voet mogen aanraken. Als we er per ongeluk op stappen, moeten we het met onze hand aanraken en ervoor buigen. De reden hiervoor is waarschijnlijk dat de deuropening symbolisch de ingang naar het volgende stadium in het leven is. Als je op deze manier naar dingen kijkt, wordt alles kostbaar. Niets kan genegeerd of

---

[6] Amma verwijst gewoonlijk naar zichzelf in de derde persoon als Amma (moeder).

oneerbiedig behandeld worden. We moeten dus alles met respect en eerbied zien.[7]

De Bhagavatam (het verhaal over de Heer) en Bhagavan (de Heer) zijn niet twee. Zij zijn één. De wereld en God zijn niet twee. Zo zien we eenheid in diversiteit, in de variëteit. Zelfs wanneer Amma nu per ongeluk op iets stapt, raakt ze het daarom aan en raakt dan haar voorhoofd aan om haar respect voor dat voorwerp te tonen. Hoewel Amma weet dat God niet van haar gescheiden is, buigt ze toch voor alles. Hoewel de trap, die ons naar de bovenste verdieping leidt, en de bovenste verdieping zelf, van hetzelfde materiaal gebouwd zijn, kan Amma de trap niet negeren. Ze kan de weg die gevolgd is om daar te komen, niet vergeten. Amma heeft respect voor alle voorschriften die ons helpen het uiteindelijke doel te bereiken.

Haar kinderen kunnen zich afvragen waarom Amma deze houding moet hebben. Maar laten we zeggen dat een kind geelzucht heeft en geen

---

[7] Sommige mensen vragen zich misschien af waarom Amma zo'n belang hecht aan alles in de gemanifesteerde wereld, die volgens Sanatana Dharma *maya* (illusie) is. Hierover zegt Amma: "Als we zeggen dat de uiterlijke wereld niet echt of reëel is, maar onecht of illusoir, bedoelen we niet dat hij niet bestaat, maar dat hij niet blijvend is, dat hij constant in een toestand van verandering is."

zout kan eten omdat dat zijn ziekte zal verergeren. Het kind houdt niet van eten zonder zout, dus als hij iets ziet met zout erin, zal hij het pakken en opeten. Zijn moeder doet geen zout in het eten dat ze bereidt en omwille van dat kind eten de andere, gezonde gezinsleden ook geen zout. Op dezelfde manier geeft Amma een voorbeeld, hoewel ze geen van deze gebruiken hoeft te volgen.

Omdat Sanatana Dharma ons leert het Goddelijke in alles te zien, is er niet zoiets als een eeuwige hel. Men gelooft dat, hoe groot de zonde die je begaan hebt ook is, je je toch kunt zuiveren door goede gedachten en daden en uiteindelijk God realiseren. Door echt berouw kan iedereen ontkomen aan het gevolg van zijn fouten, ongeacht de ernst van die fouten. Er is geen zonde die niet door berouw weggewassen kan worden. Maar dit moet niet als het bad van een olifant zijn. Een olifant neemt een bad en komt uit het water om meteen weer stof op zijn hele lichaam te strooien. Zo gedragen veel mensen zich met hun fouten.

We kunnen veel fouten maken op onze weg door het leven, maar hierdoor moeten Amma's kinderen niet ontmoedigd worden. Als je valt, denk dan alleen dat je gevallen bent om weer op te staan. Blijf daar niet liggen, denkend dat het best comfortabel is! En voel je niet ontreddered door de val. Je moet een poging doen om op te staan en verder te gaan.

Als we met potlood op een stuk papier schrijven, kunnen we een gum gebruiken als we een fout maken, en onze woorden opnieuw schrijven. Maar als we telkens opnieuw een fout op dezelfde plaats maken en het proberen uit te gummen, kan het papier scheuren. Dus, mijn kinderen, probeer je fouten niet te herhalen. Fouten maken is natuurlijk, maar probeer voorzichtig te zijn. Wees alert!

Sanatana Dharma wijst niemand af als voor altijd onwaardig. Iemand als onwaardig voor het spirituele pad beschouwen is als beslissen na de bouw van een ziekenhuis dat er geen patiënten worden toegelaten. Zelfs een kapot horloge geeft twee keer per dag de juiste tijd aan. Wat dus nodig is, is acceptatie. Als we iemand als 'ongeschikt' vermijden, bevorderen we wraakzuchtige en dierlijke instincten in die persoon en zal hij alleen maar in fouten vervallen. Als we daarentegen prijzen wat goed is in zulke mensen en geduldig proberen hun fouten te corrigeren, kunnen we ze hogerop helpen.

We maken fouten omdat we niet weten wie we werkelijk zijn. Sanatana Dharma wijst niemand af.

Zijn onderricht geeft iedereen de kennis die nodig is. Als de heiligen de jager Ratnakara alleen maar als een rover bestempeld hadden en hem op een afstand gehouden hadden, zou de heilige Valmiki niet geboren zijn[8]. Sanatana Dharma laat ons zien dat zelfs een rover in een grote ziel kan veranderen.

Niemand zal een diamant afwijzen, zelfs als hij in uitwerpselen ligt. Iemand zal hem oppakken, schoonmaken en zich toe-eigenen. Het is niet mogelijk iemand af te wijzen, omdat het Hoogste Zijn in iedereen aanwezig is. We moeten God in iedereen kunnen zien, ongeacht iemands status in de samenleving, of die nu laag of hoog is. Wil dit mogelijk zijn, dan moeten we eerst de onzuiverheden die onze eigen geest bedekken, verwijderen.

Het onderricht van Sanatana Dharma zijn onvergankelijke juwelen die de onbaatzuchtige *rishi's* uit mededogen aan de wereld gegeven hebben. Iedereen die in leven wil blijven, kan lucht en water niet vermijden. Zo ook kan iemand die innerlijke rust zoekt, de principes van Sanatana Dharma niet vermijden. Sanatana Dharma vraagt ons niet te geloven in een God die hoog in de hemel woont. Sanatana Dharma zegt: "Heb vertrouwen in jezelf. Alles is in je."

---

[8] Zie de geschiedenis van Valmiki in de woordenlijst.

Een atoombom heeft het vermogen een heel werelddeel in de as te leggen, maar de kracht ervan ligt in kleine atomen. Een banyanboom kan een groot gebied beslaan en toch groeit hij uit een klein zaadje. Het punt is dat de essentie van God in ieder van ons bestaat. We kunnen dit leren door na te denken en de ervaringen die we door onze spirituele oefeningen hebben. Het enige wat we hoeven te doen is een van de methoden zorgvuldig volgen om deze kracht wakker te maken.

Toewijding, vertrouwen en *shraddha* (aandachtig bewustzijn) bij iedere handeling, dat is wat Sanatana Dharma leert. Het vraagt je niet blind in iets te geloven. Als we een machine willen gebruiken, moeten we eerst leren hem te bedienen, anders kunnen we hem beschadigen. Kennis (*jnana*) is nodig om onze handelingen op de juiste manier te verrichten. Onze handelingen verrichten met het bewustzijn dat voorkomt uit het begrijpen van die kennis, dat is *shraddha*.

Een man giet water in een waterreservoir, maar zelfs nadat hij dat de hele dag gedaan heeft, is het reservoir nog steeds niet vol. Hij probeert achter de oorzaak te komen. Uiteindelijk ontdekt hij dat een van de uitlaten in het reservoir niet dicht is. Hier is de kennis het inzicht dat geen enkele hoeveelheid water genoeg is om het reservoir te vullen, als dit niet juist is afgesloten. *Shraddha* passen we op onze inspanning toe, nadat we die kennis verkregen hebben. Alleen wanneer we handelingen met *shraddha* verrichten zullen we het bedoelde resultaat krijgen.

Vijf landarbeiders kregen de taak zaden te planten. De eerste groef gaten in de grond, de tweede stopte mest in de gaten, de derde gaf water aan de grond en de vierde bedekte de gaten met aarde. Er gingen dagen voorbij, maar geen van de zaden ontkiemde. De boer onderzocht de grond om erachter te komen wat er mis was en ontdekte dat de arbeider die de zaden in de gaten moest stoppen, zijn werk niet gedaan had. Zo is handelen zonder *shraddha*. Het geeft niet het gewenste resultaat.

Het doel van iedere handeling die we in het leven verrichten is om ons dichter bij God te brengen. We moeten onze handelingen onbaatzuchtig verrichten zonder ikbesef. We moeten het bewustzijn hebben dat we alleen kunnen handelen door Gods genade en kracht. Dit is kennis (*jnana*) in de context van activiteit (*karma*). Een handeling die met deze kennis en *shraddha* verricht wordt, is *karma yoga*, de yoga van onbaatzuchtig handelen.

Als we *shraddha* beoefenen terwijl we handelen, vergeten we onszelf. De geest wordt gefocust. We ervaren gelukzaligheid. Zo wordt devotie geboren. Als we ons inspannen met *shraddha* en devotie, zal onze inspanning zeker vrucht dragen. En als we de vrucht van dat handelen krijgen, wordt ons vertrouwen sterk. Zulk vertrouwen is onwankelbaar. Niemand kan dat vertrouwen schokken. *Shraddha*, devotie en vertrouwen: handelingen die met *shraddha* gedaan worden ontwikkelen devotie en dit leidt tot vertrouwen.

De meeste teksten van Sanatana Dharma zijn geschreven in de vorm van gesprekken. Ze bevatten de antwoorden van de gerealiseerde meester op de vragen van de leerling. De leerling heeft de vrijheid iedere vraag te stellen totdat zijn twijfels volledig verdwenen zijn. Dit ontwikkeld *shraddha* in de leerling.

Het hindoeïsme is tegen niemand. Noch vraagt het van iemand zijn religie of geloof op te geven. Het beschouwt het als onjuist iemands geloof te vernietigen. Volgens Sanatana Dharma zijn alle religies verschillende wegen naar hetzelfde doel. Het ontkent niets. Alles is erin vervat. Voor een hindoe is er niet zoiets als een afzonderlijke religie. Oorspronkelijk bestond zo'n begrip niet in India.

Tot wat voor religie iemand ook behoort, hij moet standvastig in zijn geloof blijven en vooruitgaan in het leven. Alleen dit zal de zoeker helpen het uiteindelijke doel te bereiken. De wegen van *karma yoga*, *bhakti yoga* en *jnana yoga* kunnen allemaal gevolgd worden door mensen van ieder geloof op een manier die past bij de moderne tijd en levensstijl.

De oceaan en zijn golven kunnen een nachtmerrie zijn voor degenen die niet kunnen zwemmen, maar zij die kunnen zwemmen, zullen pret hebben in de oceaangolven. Op dezelfde manier is het leven gelukzalig voor hen die de principes van spiritualiteit in zich opgenomen hebben. Voor hen is het leven een feest. Wat we nodig hebben is een manier om gelukzaligheid te ervaren in dit leven, niet na de dood. Zoals men de kunst van zakenmanagement moet leren om succes te hebben bij het zakendoen, is het essentieel de kunst van het levensmanagement te leren om echt gelukkig in het leven te zijn. Sanatana Dharma is de allesomvattende wetenschap van het levensmanagement.

De inhoud van de Indiase geschriften zoals de Upanishaden, Bhagavad Gita, Brahmasutra's,

Ramayana en Mahabharata, zijn allemaal eeuwige waarheden die mensen van alle leeftijden kunnen begrijpen. Deze teksten zijn niet sektarisch. Het zijn werken die op rede zijn gebaseerd en door iedereen in de praktijk kunnen worden gebracht. De teksten over Sanatana Dharma kunnen door iedereen begrepen worden, net als artikelen over gezondheid, psychologie en sociale wetenschap. Het absorberen van de principes van Sanatana Dharma zal tot geluk en de verheffing van de hele mensheid leiden.

ॐ

Vraag: Waarom moeten we in God geloven?

Amma: Het is mogelijk door het leven te gaan zonder in een Opperwezen te geloven. Maar om met stevige, onwankelbare stappen vooruit te kunnen gaan wanneer we in een crisis komen, moeten we onze toevlucht tot God nemen. We moeten bereid zijn Gods weg te volgen.

Een leven zonder God is als een rechtszaak waarin twee advocaten pleiten zonder dat er een rechter aanwezig is. De zitting leidt tot niets. Als

zij zonder rechter procederen, is er geen uitspraak
mogelijk.

We aanbidden God zodat de goddelijke eigenschappen in ons gevoed worden. Geloof is echter
niet nodig als je deze eigenschappen zonder geloof
kunt ontwikkelen. Of we geloven of niet, het
Opperwezen bestaat als de Waarheid, en of wij
die Waarheid erkennen of niet, hij kan op geen
enkele manier geschaad worden.

De zwaartekracht van de aarde is een feit.
Hij houdt niet op te bestaan als wij er niet in
geloven. Als we het bestaan van de zwaartekracht
ontkennen en vanaf een hoogte springen, zullen
we de waarheid moeten accepteren door de nade-
lige gevolgen die we door de val ondervinden. Je
afwenden van zo'n werkelijkheid is als het creëren
van duisternis door je ogen te sluiten. Door de
Universele Waarheid die God is te erkennen en
in overeenstemming met die Waarheid te leven
kunnen we probleemloos door het leven gaan.

ॐ

Vraag: Wat is het principe achter het aanbidden
van een beeld?

Amma: Hindoes aanbidden niet de beelden zelf. Ze aanbidden de Hoogste Kracht die in ieder beeld aanwezig is. Wanneer een klein jongetje een schilderij van zijn vader ziet, denkt hij aan zijn vader en niet aan de kunstenaar die het gemaakt heeft. Wanneer een jongeman een pen of een zakdoek ziet die hij van zijn geliefde gekregen heeft, denkt hij aan haar, niet aan het voorwerp. Voor niets in de wereld wil hij het van de hand doen. Voor hem is die pen geen gewone pen, die zakdoek is niet zomaar een zakdoek. In die voorwerpen voelt hij de vrouw van wie hij houdt.

Als een gewoon voorwerp zulke krachtige gevoelens kan oproepen in een verliefde man of vrouw, denk je dan eens in hoe waardevol een beeld van God zal zijn voor een toegewijde als het hem aan God herinnert. Voor de toegewijde is het beeldhouwwerk van het Opperwezen niet alleen maar een stuk steen. Het is een belichaming van het Hoogste Bewustzijn.

Sommige mensen vragen: "Is het huwelijk niet alleen maar het leggen van een knoop?" Ja, dat is waar. Het is gewoon het vastbinden van een gewoon koordje rondom de nek[9]. Maar denk je

---

[9] Bij een traditionele hindoe-huwelijksceremonie wordt er een koordje of kettinkje met een hangertje rond de nek

eens in hoeveel belang we hechten aan dat stukje touw en aan dat moment! Het is een moment dat de basis voor het leven legt. De waarde van die ceremonie heeft niets te maken met de waarde van het koordje, maar met de totale waarde van het leven zelf. Op dezelfde manier zit de waarde van een beeld van God niet in de waarde van de steen. Dat beeld is onbetaalbaar, de plaats ervan staat gelijk met de Universele Vader of Moeder. Iedereen die het beeld alleen maar als een stuk steen ziet, doet dat uit onwetendheid. Een rituele aanbidding begint gewoonlijk met het besluit: "Ik aanbid God in dit beeld."

Voor gewone mensen zou het moeilijk zijn het allesdoordringende Hoogste Bewustzijn te aanbidden zonder de hulp van een of ander symbool dat het vertegenwoordigt. Een afbeelding van God kan heel goed zijn om devotie te bevorderen en ons te concentreren. Als we voor het beeld staan bidden we met gesloten ogen. Zo helpt het beeld ons onze aandacht naar binnen te richten en de goddelijke essentie in ons wakker te maken.

---

van de bruid gebonden. Dit draagt ze tijdens haar hele huwelijk en het symboliseert de blijvende band tussen de man en vrouw.

Er zit nog een ander belangrijk principe achter dit soort aanbidding. Gouden armbanden, oorringen, halskettingen en ringen zijn allemaal van hetzelfde metaal gemaakt. Het materiaal is goud. Op dezelfde manier is God de basis van alles. We moeten de onderliggende eenheid in de verscheidenheid kunnen zien. Of het Shiva, Vishnu of Muruga (Subramanya)[10] is, we moeten ons bewust zijn van de eenheid die erachter ligt. We moeten begrijpen dat alle verschillende vormen verschillende manifestaties van één God zijn. Er worden verschillende vormen aangenomen, omdat de mensen tot verschillende culturen behoren. Dus iedereen kan de vorm kiezen waaraan hij de voorkeur geeft.

We moeten het vuil en het stof van een spiegel verwijderen voordat we ons gezicht er duidelijk in kunnen zien. Zo ook kunnen we God alleen maar zien wanneer we de onzuiverheden die zich in onze geest vastgezet hebben, verwijderd hebben. Onze voorouders stelden aanbidding van beelden en andere oefeningen in als onderdeel van Sanatana Dharma om onze geest te zuiveren en op één doel

---

[10] Muruga is een God die door Shiva geschapen is om zielen bij hun ontwikkeling te helpen, vooral door de beoefening van yoga. Hij is de broer van Ganesha.

te richten. In Sanatana Dharma zoeken we God in onszelf, niet ergens buiten. Als we God in ons kunnen zien, kunnen we God overal zien.

God heeft geen binnenkant of buitenkant. God is het Goddelijke Bewustzijn dat overal bestaat en alles doordringt. Alleen omdat wij een individuele identiteit hebben, het ikbesef, is er waarneming van binnen en van buiten. Op het ogenblik is onze geest naar buiten gericht, niet naar binnen. De geest is aan veel dingen buiten ons gehecht en aan het begrip 'mijn' in relatie tot die dingen. Het doel van de aanbidding van beelden is om de geest weer naar binnen te brengen en het Goddelijke bewustzijn wakker te maken dat reeds in ons aanwezig is.

ॐ

Vraag: Sommige mensen bekritiseren het hindoegeloof vanwege het gebruik van het aanbidden van beelden. Is daarvoor een echte reden?

Amma: Het is niet duidelijk waarom iemand daarop kritiek zou hebben. Beeldenverering kan in alle religies in de een of andere vorm gevonden worden, in het christendom, de islam, het boeddhisme enz. Het enige verschil is het beeld dat aanbeden wordt en de manier waarop de aanbidding plaatsvindt. In het christendom worden er geen zoete gerechten of bloemblaadjes geofferd. In plaats daarvan steken ze kaarsen aan. De christelijke priester offert het brood als Christus' lichaam en de wijn als zijn bloed. En terwijl hindoes aanbidden met branadende kamfer, branden veel christenen wierook. Christenen zien het kruis ook als een symbool van opoffering en onzelfzuchtigheid. Ze knielen voor de vorm van Christus en bidden.

In de Islam zien de mensen Mekka als heilig en buigen in die richting. Ze zitten voor de Kaäba te bidden en na te denken over de eigenschappen van God. Al deze gebeden zijn bedoeld om de positieve eigenschappen die in ons aanwezig zijn, wakker te maken.

We leren eerst de enkelvoudige medeklinkers *ka*, *kha*, *ga*, *gha* in het Malayalam, zodat we later woorden met samengestelde klanken kunnen leren lezen. En we beginnen met *a*, *b*, *c* om Engels te leren lezen. Op een zelfde manier leiden alle verschillende vormen van aanbidding naar de ontwikkeling van goddelijke eigenschappen in ons.

ॐ

Vraag: Wat betreft het aanbidden van beelden, moeten we niet liever de beeldhouwer die de goddelijke vorm gemaakt heeft aanbidden in plaats van het beeldhouwwerk zelf?

Amma: Wanneer je de vlag van je land ziet, heb je dan respect voor de vlag of de kleermaker? Of misschien de wever die de stof geweven heeft? Of de persoon die het garen gesponnen heeft, of de boer die de katoen verbouwd heeft? Niemand denkt aan deze mensen. In plaats daarvan worden we herinnerd aan het land dat door de vlag gesymboliseerd wordt.

Op dezelfde manier is het niet de beeldhouwer aan wie we denken, wanneer we een beeld van God zien, maar het is God, de Goddelijke Beeldhouwer van het Universum, aan wie we herinnerd worden. Het Opperwezen is de bron waaruit de kunstenaar de inspiratie en de kracht om het beeld te houwen krijgt. Als we ermee in kunnen stemmen dat er een beeldhouwer moet zijn om een beeld te maken, waarom is het dan zo moeilijk te geloven dat dit universum ook door een beeldhouwer geschapen kan zijn?

Door een beeld van God te aanbidden ontwikkelen we de verruiming van het hart die nodig is om van ieder levend wezen te houden en het te respecteren, inclusief de maker van dat beeld. Door tot God te bidden en Hem in het beeld te visualiseren worden wij van binnen gezuiverd en opgetild naar het niveau waarop we God in alles zien en aanbidden. Dit is het doel van de aanbidding van beelden. Terwijl alle symbolen die ons aan de materiële wereld herinneren, ons uiteindelijk begrenzen en beperken, leiden de symbolen die ons bewustzijn van God wakker maken, ons naar verruiming voorbij alle grenzen. Beeldenverering helpt ons God overal te zien, in alles.

$$ ॐ $$

Vraag: Waar is beeldenverering ontstaan?

Amma: In de *Satya Yuga*, het tijdperk van de Waarheid[11], verklaarde Prahlada, de jonge zoon van de demonenkoning Hiranyakashipu: "God bestaat zelfs in deze pilaar," in antwoord op een

---

[11] Het *Satya Yuga* wordt het gouden tijdperk genoemd. Er zijn vier yuga's (tijdperken of eonen). Zie woordenlijst.

vraag die zijn vader hem stelde. God kwam toen uit die pilaar tevoorschijn in de vorm van Nara-simha, de goddelijke mensleeuw. Omdat de alom-tegenwoordige God uit een pilaar tevoorschijn kwam en zo Prahlada's uitspraak uit liet komen, kunnen we zeggen dat dit het eerste geval van beeldenverering was.

Prahlada's verhaal is algemeen bekend. De demonenkoning Hiranyakashipu wilde alle drie de werelden [12] onderwerpen en ervoor zorgen dat hij nooit zou sterven. Hij verrichte dus zware ascese die erop gericht was Heer Brahma, de Schepper, te behagen. De ascese beviel Brahma. Hij verscheen voor Hiranyakashipu en bood hem een gunst aan. De demonenkoning zei: "De gunst die ik wil is dat ik door niets in uw schepping gedood word. Ik zal de dood niet ondergaan langs de kust of in het water, noch in de lucht of op aarde. Ik zal niet in een kamer sterven of buiten. Ik zal niet 's nachts of overdag sterven, niet gedood worden door een man of een vrouw, door hemelse wezens (*deva's*) of demonen (*asura's*), of door gewervelde wezens, menselijk of dierlijk. Noch zal ik door een wapen gedood worden." Brahma zegende hem met de woorden "Zo zij het" en verdween.

---

[12] De hemel, de aarde en de onderwereld.

Maar er gebeurde nog iets toen de koning zijn ascese verrichtte. In zijn afwezigheid versloegen de hemelse wezens de duivels in een gevecht. Indra, de koning van de hemelbewoners, nam Kayadhu, de zwangere vrouw van Hiranyakashipu, gevangen en voerde haar weg. Onderweg ontmoette hij de heilige Narada. Op advies van Narada liet Indra Kayadhu in de hermitage van de heilige achter en keerde terug naar de hemelse wereld. In de tijd dat Kayadhu bij Narada verbleef, leerde de wijze haar de essentie van de Bhagavatam en het kind in haar baarmoeder hoorde deze uiteenzettingen.

Toen Hiranyakashipu zijn ascese voltooid had, keerde hij terug en versloeg de *deva's* in een veldslag. Hij ging toen naar de kluizenaarswoning van de heilige en bracht zijn vrouw terug naar het paleis. De kracht van de gunst die hij ontvangen had, vergrootte zijn ego. Hij veroverde alle drie de werelden. Hij maakte de *deva's* tot zijn knechten. Hij kwelde de heiligen en aanbidders en vernielde hun *yaga yajna's*, uitgebreide vedische offerrituelen. Hij verklaarde dat niemand een andere mantra mocht herhalen dan *Hiranyaya namah* (Eerbetuigingen aan Hiranya).

Na verloop van tijd schonk zijn vrouw het leven aan een zoon. Het kind kreeg de naam

Prahlada. Omdat hij zich al het onderwijs van
Narada herinnerde, groeide hij op als een toegewijde van Heer Vishnu. Toen het de tijd was dat
Prahlada met zijn studies zou beginnen, zond
zijn vader hem naar een *gurukula*[13]. Na een tijdje
wilde de koning graag weten wat zijn zoon geleerd
had en daarom riep hij Prahlada terug naar zijn
paleis. Zodra Prahlada teruggekeerd was, vroeg
zijn vader hem wat hij geleerd had. Prahlada zei:
"Heer Vishnu moet met de negen methoden
aanbeden worden: naar Zijn verhalen luisteren,
Zijn glorie zingen, aan Hem denken, aan Zijn
voeten dienen, Hem aanbidden, Hem groeten,
Zijn dienaar zijn, Zijn vriend zijn en zich helemaal
aan Hem overgeven." De jongen had dit niet op
school geleerd. Hij had dit gehoord toen hij nog
in de baarmoeder van zijn moeder zat. Toen Hiranyakashipu zijn zoon hoorde zeggen dat Vishnu,
Hiranyakashipu's vijand, aanbeden moest worden,
werd hij zo razend dat hij zijn soldaten opdroeg
zijn zoon te doden. De soldaten probeerden de
jongen op verscheidene manieren te doden, maar

---

[13] Een ashram onder leiding van een guru, waar de leerlingen bij de guru wonen en studeren. In de oude tijd waren
gurukula's kostscholen waar de jonge mensen een volledige
opvoeding kregen gebaseerd op de Veda's

slaagden daar niet in. Hiranyakashipu gaf het uiteindelijk op en zond zijn zoon terug naar de *gurukula* om de devotie in hem uit te roeien. Maar in plaats daarvan werden de andere demonenkinderen op die school, die Prahlada's advies hoorden, ook aan Heer Vishnu toegewijd. Toen men Hiranyakashipu hierover inlichtte, werd hij weer woedend en vroeg zijn zoon: "Als er een andere god dan ik in de drie werelden is, waar is hij dan?" "God is overal," antwoordde Prahlada. "Is hij in deze pilaar?" bulderde Hiranyakashipu. "Ja, hij is ook in de pilaar," zei Prahlada. Hiranyakashipu reageerde door met zijn vuist hard op de pilaar te slaan. De pilaar brak in tweeën en daaruit kwam de woeste Narasimha, de goddelijke mensleeuw, te voorschijn. Dit gebeurde tijdens de schemering. De Heer ging op de drempel van het paleis zitten, plaatste de demonenkoning op zijn schoot en doodde hem door zijn borst open te rijten door alleen zijn nagels te gebruiken.

Zo werden de woorden die uit het onschuldige hart van Prahlada kwamen bewaarheid. Dit was het begin van beeldenverering. Zijn vertrouwen was zo sterk dat hij geloofde dat God zelfs in een pilaar bestond en zijn overtuiging was zo sterk dat wat hij geloofde een feitelijke ervaring werd. We moeten naar het principe achter dit verhaal kijken. De almachtige God kan iedere vorm aannemen. God kan met of zonder eigenschappen zijn. Zout water kan zoutkristallen worden en zoutkristallen kunnen zout water worden.

Dit verhaal toont ook andere principes: de beperkingen van de mens. De intelligentie van God gaat het begrip van de intelligentste en krachtigste persoon op aarde te boven. Er is een grens aan hoever de menselijke intelligentie kan reiken, maar Gods intelligentie is onbeperkt.

Hiranyakashipu had zeer zorgvuldig om zijn gunst gevraagd met de bedoeling de dood voor altijd te vermijden. Toen hij die gunst ontving, geloofde hij heilig dat niemand hem ooit kon verslaan. Maar hij kende God niet. God heeft een oplossing voor alles.

Noch overdag noch 's nachts. Oplossing: schemering. Niet op het water en niet op het land: God zette de demonenkoning op Zijn schoot. Noch binnen, noch buiten: hij zat op de drempel. Noch de mens, noch een dier: hij nam de vorm van een leeuwmens aan. Er werd geen wapen gebruikt: hij doodde de koning met zijn nagels. Zo doodde God in de vorm van Narasimha de onrechtvaardige

Hiranyakashipu zonder een van de gunsten die Brahma gegeven had te schenden.

God gaat de menselijke intelligentie te boven. Er is slechts één manier om God te kennen: door zich volledig te offeren en zijn toevlucht tot Zijn[14] voeten te nemen – de weg van volledige overgave.

Mensen hebben de intelligentie van het ego en het vermogen onderscheid te maken. Onderscheidingsvermogen (*viveka*) is zuivere intelligentie, het heeft geen onzuiverheden. Het is als een spiegel. God wordt er duidelijk in weerspiegeld. Maar alleen zij die zich aan God overgeven, kunnen door de beperkingen van hun menselijke intelligentie heen breken en die overschrijden.

Sommige mensen zeggen: "Kun je God met je ogen zien? Ik geloof niet in wat ik niet kan zien!" Maar een mens is o zo beperkt. Ons zicht en gehoor zijn heel beperkt. Mensen denken hier niet aan.

Amma heeft een vraag. Je kunt de stroom in een draad waar spanning op staat, niet zien. Zeg je dat er geen stroom is, alleen omdat je die niet

---

[14] Amma heeft gezegd dat God voorbij een definitie van geslacht is, maar wanneer Amma spreekt, verwijst ze naar God op de meer traditionele manier met het woord 'Hij'.

kunt zien? Je zult een schok krijgen als je de draad aanraakt. Dat is ervaring.

Stel dat je een vogel vrijlaat om weg te vliegen. Hij vliegt hoger en hoger, totdat hij uiteindelijk zo hoog vliegt dat hij niet langer gezien kan worden. Zeggen we dan dat de vogel niet meer bestaat omdat we hem niet meer kunnen zien? Wat voor logica zit erin als we beslissen dat we alleen in dat geloven wat binnen het beperkte bereik van ons gezichtsvermogen valt?

Voor een rechter bewijzen de beweringen van duizend mensen die zeggen dat ze geen misdaad zagen, niets. Het bewijs ligt bij de ene persoon die zegt dat hij getuige was van de misdaad. Op dezelfde manier bewijst iedereen die zegt dat er geen God is, niets. De woorden van de heilige wijzen die God ervaren hebben, vormen het bewijs.

Een atheïst reisde rond en bepleitte dat er geen God is. Hij kwam bij het huis van een vriend. In zijn huis stond een prachtige aardbol. "Wat is hij mooi," riep hij uit. "Wie heeft hem gemaakt?" Zijn vriend, die een gelovig iemand was, zei: "Als dit namaakmodel van de aarde niet zonder maker gecreëerd kan zijn, heeft de schepping van de echte aarde zeker een Schepper nodig!"

Men zegt dat een zaadje de boom bevat. Als je een zaadje oppakt en ernaar kijkt of erin bijt, zul je de boom niet zien. Maar probeer het te planten. Doe wat moeite. Dan zal er een boompje uit komen. Het is zinloos er alleen maar over te praten. We moeten er moeite voor doen. Alleen dan zullen we de ervaring krijgen.

Een wetenschapper heeft vertrouwen in de experimenten die hij opzet. Hij kan bij veel pogingen falen, maar hij geeft het niet op. Hij gaat met zijn experimenten door in de hoop bij het volgende experiment te slagen.

Denk je eens in hoeveel jaren ervoor nodig zijn om dokter of ingenieur te worden. De studenten klagen niet dat het onmogelijk is zo lang te wachten. Alleen omdat ze met hun studie doorgaan met een houding van overgave, slagen ze erin het doel te bereiken.

God is niet iemand die we met onze ogen kunnen zien. God is de oorzaak van alles. Als men je vraagt wat er eerst was het mangozaadje of de mangoboom, wat antwoord je dan? Voor het ontstaan van een boom is een zaadje nodig en voor het bestaan van een zaadje is eerst een boom nodig. Er is dus een op zichzelf staande oorzaak van de boom en het zaad. Dat is God. God is de

eerste oorzaak van alles, de Schepper van alles.
God is alles. De manier om God te leren kennen
is om de goddelijke eigenschappen in ons te ontwikkelen en ons ego aan God over te geven. Dan
zal goddelijkheid onze ervaring worden.

Prahlada is een voorbeeld van de hoogste devotie. Het zou moeilijk zijn een toegewijde te vinden
met zoveel overgave als Prahlada. Wanneer we
niet slagen in wat we ons ten doel gesteld hebben,
geven we gewoonlijk de schuld aan iemand anders
en trekken ons terug. Bovendien brokkelt ons vertrouwen meestal af, wanneer zich moeilijkheden
in het leven voordoen. We geven God de schuld.
Maar kijk eens naar Prahlada. De soldaten van zijn
vader probeerden hem te doden door hem onder
water te duwen. Ze wierpen hem in kokende olie.
Ze wierpen hem van een berg af. Ze staken hem
in brand. Ze probeerden telkens opnieuw hem
te doden. Maar bij ieder van die gebeurtenissen
wankelde Prahlada's geloof niet het minst. Door
zijn onwankelbare geloof overkwam hem geen
kwaad. Wanneer zijn leven bedreigd werd, bleef hij
de mantra 'Narayana, Narayana' herhalen. Men
vertelde hem ook veel dingen die bedoeld waren
om zijn geloof in God te vernietigen. "Sri Hari
(Vishnu) is God niet. Hij is een dief. Zoiets als

God bestaat niet," enz. Maar ook dan bleef Prahlada de naam van God met *shraddha* herhalen.

In de meeste gevallen is ons vertrouwen in iemand verdwenen zodra we iets negatiefs over hem horen. Als er lijden op onze weg komt, verliezen we ons vertrouwen. Onze devotie is alleen maar deeltijd-devotie. We roepen om God, wanneer we iets nodig hebben, anders denken we helemaal niet aan Hem. En als onze verlangens niet vervuld worden, verdwijnt ons vertrouwen. Zo staat het met ons. Maar ondanks de moeilijkheden die Prahlada moest ondergaan, wankelde hij nooit. Zijn geloof werd met iedere crisis sterker. Hoe meer obstakels er verschenen, des te steviger hield hij zich aan Gods voeten vast. Zo volledig was zijn overgave aan God. Als gevolg werd Prahlada een baken dat de hele wereld licht gaf. Zelfs nu nog verspreiden zijn verhaal en zijn devotie licht in het hart van duizenden.

Prahlada wordt onderscheiden door zijn devotie en zijn realisatie van eenheid (*advaita*). Alles wat iemand met totale overgave als Prahlada aanraakt, 'zal in goud veranderen'. Dit is de toestand van zelfovergave.

Prahlada's devotie leidde ook tot de bevrijding van zijn vader Hiranyakashipu, want sterven door

Gods hand betekent bevrijding bereiken. Dit betekent dat Hiranyakashipu's identificatie met het lichaam verwijderd werd en hij het bewustzijn van zijn ware Zelf (*Atman*) kreeg. Het lichaam blijft niet voor altijd. Hiranyakashipu werd door zijn eigen ervaring duidelijk gemaakt dat alleen het Zelf eeuwig is.

Mensen zijn echt nietig. Toch zijn ze trots op hun intelligentie en capaciteiten en bekritiseren ze God. God is het Principe voorbij alle mogelijke menselijke intelligentie. De manier om God te bereiken is door spirituele oefeningen te doen zoals de *rishi's* voorgeschreven hebben. Een zo'n oefening kan de aanbidding van beelden van God zijn.

ॐ

Vraag: In het hindoeïsme worden 300 miljoen goden aanbeden. Is er meer dan één God?

Amma: In het hindoeïsme is slechts één God. Het hindoeïsme leert niet alleen dat er één Opperwezen is, maar het stelt ook dat er in dit universum niets anders dan dit Opperwezen is. God manifesteert zich als alles in het universum. God is het Bewustzijn dat alles doordringt. Hij is voorbij alle namen en vormen. Maar Hij kan ook iedere vorm aannemen om een toegewijde te zegenen. Hij kan zich manifesteren in een oneindig aantal vormen en goddelijke stemmingen of staten. De wind kan als een vriendelijk bries verschijnen, een sterke wind of een razende storm. Welke manifestatie is er onmogelijk voor de Almachtige God, die zelfs de storm onder controle heeft? Wie kan Zijn glorie beschrijven? Zoals lucht stil kan zijn of kan waaien als wind en zoals water in stoom of in ijs kan veranderen, kan God een toestand zonder eigenschappen of een toestand met eigenschappen aannemen. Op dezelfde manier is het precies dezelfde God die hindoes in veel verschillende vormen en toestanden aanbidden, zoals Shiva, Vishnu, Ganesha, Muruga, Durga, Saraswati en Kali.

Smaken verschillen van persoon tot persoon. Individuen groeien in verschillende omgevingen en culturen op. In Sanatana Dharma hebben de mensen de vrijheid God te aanbidden in iedere vorm of staat die met hun eigen smaak en mentale ontwikkeling overeenkomt. Zo ontstonden de verschillende manifestaties van God in het hindoeïsme. Het zijn allemaal aspecten van het ene Opperwezen.

ॐ

Vraag: Als God alomtegenwoordig is, waarom zijn er dan tempels nodig?

Amma: Een bijzonder kenmerk van Sanatana Dharma is dat het afdaalt tot het niveau van ieder individu en hem verheft. De mensen hebben verschillende *samskara's*. Ieder individu moet volgens zijn innerlijke aanleg geleid worden. Sommige patiënten kunnen niet tegen bepaalde injecties en moeten alternatieve medicijnen krijgen. Op dezelfde manier moet er rekening gehouden worden met de unieke psychische en lichamelijke kenmerken van ieder individu en moeten geschikte methoden die passen bij de *samskara* van ieder individu voorgeschreven worden. Zo worden er verschillende tradities geschapen. De weg van devotie, de weg van onbaatzuchtig handelen, van het aanbidden van God met eigenschappen en zonder eigenschappen, al deze wegen hebben zich op deze manier ontwikkeld. Maar ze delen dezelfde basis en dat is het onderscheid tussen het eeuwige en het tijdelijke.

Het doel van *archana*[15], devotioneel zingen en rituele aanbidding is hetzelfde. Een blind kind leert het alfabet door de tastzin en een doof kind door gebarentaal. Iedereen moet geleid worden overeenkomstig zijn niveau van begrip. Tempels zijn nodig om gewone mensen te verheffen door God naar beneden te brengen op het fysieke niveau. We kunnen niemand negeren of afwijzen.

Hoewel de lucht overal is, ervaren we die duidelijker in de buurt van een ventilator, nietwaar? Onder een boom is een speciale koelte die we ergens anders niet voelen. Je voelt de aanwezigheid van de wind en ervaart die koelte. Op dezelfde manier kunnen we Gods aanwezigheid duidelijker voelen, wanneer we Hem aanbidden met een hulpmiddel (*upadhi*) dat Hem voorstelt. Hoewel de zon overal schijnt, moeten we in een kamer waar de gordijnen en blinden gesloten zijn, een lamp aandoen om licht te krijgen. Een koe is vol melk, maar we kunnen die niet uit haar oren krijgen, alleen uit haar uiers. God is overal aanwezig,

---

[15] Een vorm van aanbidding waarbij de namen van een godheid worden gereciteerd, gewoonlijk 108, 300 of 1000 per keer.

maar zijn aanwezigheid kan gemakkelijker gevoeld worden door degenen die vertrouwen in de tempel hebben. Maar om dit te laten gebeuren is vertrouwen onmisbaar. Vertrouwen stemt de geest goed af. Hoewel God in de tempel aanwezig is, zullen degenen die geen vertrouwen hebben, die aanwezigheid niet ervaren. Vertrouwen geeft ons de ervaring.

Amma en enkele van haar Indiase kinderen keken eens naar een dans die door westerse paren werd uitgevoerd. Een van Amma's dochters[16] werd kwaad, omdat de paren elkaars hand vasthielden onder het dansen. "O nee! Wat voor dans is dit?" riep ze uit. "Een man en een vrouw die zo dicht bij elkaar dansen!" Amma vroeg haar: "Als Shiva en Parvati zo dicht bij elkaar zouden dansen, zou je dan ontstemd zijn?" We zouden het goddelijke in die dans zien en het zou voor ons geen probleem zijn. Wanneer we over Shiva en Parvati praten, dan is er heiligheid, is er vertrouwen. Die dans zou dus verheven zijn. Omdat we daarentegen niet de goddelijkheid in deze man en vrouw kunnen zien, zijn we kwaad over hun gedrag. De geest is dus de belangrijke factor hier. Als we vast overtuigd

---

[16] Moeder verwijst naar haar leerlingen en volgelingen altijd als haar kinderen of als haar zonen en dochters.

blijven van waar we echt in geloven, kunnen we God ervaren. Vertrouwen is de basis.

Plaatsen van aanbidding waar ontelbare mensen met dezelfde gerichtheid bidden, hebben bepaalde unieke eigenschappen, die niet in andere plaatsen gevonden worden. Een bar of een slijterij heeft niet dezelfde sfeer als een kantoor. De atmosfeer in tempels is niet hetzelfde als in een bar. In een bar verlies je je mentale gezondheid, in een tempel krijg je die. Plaatsen van aanbidding zijn doordrongen met de vibraties van positieve gedachten. Dit helpt een geest vol conflicten het gevoel van vrede en rust terug te krijgen. De lucht in een parfumfabriek is bijzonder, vol van een wonderlijke geur, terwijl de atmosfeer in een chemische fabriek totaal anders is. De atmosfeer vol devotie en de heilige vibraties in een tempel helpen ons onze geest te concentreren en liefde en devotie in ons te laten ontwaken. Een tempel is als een spiegel. In een spiegel kunnen we duidelijk het vuil op ons gezicht zien. Hij helpt ons bij het schoonmaken van ons gezicht. Zo ook helpt aanbidding in een tempel ons het hart te zuiveren.

Aanbidding in een tempel is het eerste stadium van het aanbidden van God. De tempel en het beeld dat daar is geïnstalleerd staan ons toe

God op een persoonlijke manier te aanbidden en een band met God aan te gaan. Maar geleidelijk moeten we het vermogen ontwikkelen het Goddelijke Bewustzijn overal te zien. Dit wordt mogelijk wanneer tempelaanbidding op de juiste manier gedaan wordt. Dit is het echte doel van tempelaanbidding.

We laten kinderen afbeeldingen van verschillende vogels zien en zeggen: "Dit is een papegaai, dit is een mynahvogel." Wanneer de kinderen ouder worden, hebben ze de afbeeldingen niet meer nodig om de vogels te identificeren. Alleen in het begin waren de afbeeldingen nodig.

In werkelijkheid is alles God. Er is niets wat uitgesloten hoeft te worden.

De trap en de bovenste verdieping van een huis zijn gebouwd van dezelfde bakstenen en cement, maar dit wordt alleen duidelijk wanneer we de bovenste verdieping bereiken. En we hebben de trap nodig om daar te komen. Dit illustreert het nut dat we van een tempel hebben.

Er wordt vaak gezegd dat je in een tempel geboren kunt worden, maar dat je daar niet moet sterven. We kunnen de tempel als hulpmiddel gebruiken op onze zoektocht naar God, maar we moeten er niet aan vastzitten. Alleen het loslaten van alle gehechtheden zal ons helemaal vrij maken. We moeten niet denken dat God alleen in tempelbeelden bestaat. Alles is vol bewustzijn, het Hoogste Bewustzijn. Niets is levenloos. Door aanbidding krijgen we de mentale instelling om alles als de essentie van God te zien, en van alles te houden en alles te dienen. Dit is de houding alles diepgaand te accepteren. We moeten ons realiseren dat wijzelf en alles om ons heen God zijn. We moeten de houding ontwikkelen alles als één te zien, alles te zien zoals we onszelf zien. Wat kunnen we immers haten, wanneer we alles als God zien? De tempel en zijn rituelen zijn bedoeld om ons naar die toestand te leiden.

De oceaan en de golven lijken verschillend te zijn, maar ze zijn allebei water. Armbanden, halskettingen, ringen en enkelbanden lijken verschillend en worden op verschillende lichaamsdelen gedragen, maar in werkelijkheid zijn ze allemaal goud. Vanuit het gezichtspunt van het goud zijn ze allemaal hetzelfde; er is geen verschil. Maar wanneer we van een uiterlijk standpunt ernaar kijken, zijn ze verschillend. Zo ook kunnen voorwerpen om ons heen verschillend lijken, maar in werkelijkheid zijn ze allemaal hetzelfde. Ze zijn Brahman, de Absolute Realiteit. Er is alleen Dat. Het doel van het menselijk leven is dit te realiseren, dit te ervaren. Als je deze realisatie eenmaal bereikt hebt, verdwijnen je problemen volledig, zoals duisternis verdwijnt wanneer de zon opkomt.

Vandaag de dag zeggen wetenschappers dat alles energie is. De *rishi's* gingen een stap verder en verklaarden dat alles bewustzijn is, het Hoogste Bewustzijn. *Sarvam brahmamayam.* "Alles is Brahman, het Hoogste Zelf." Dit was de ervaring van de *rishi's*.

Maar om dit te realiseren moeten we de opvatting overschrijden dat God alleen in tempelbeelden vertoeft. We moeten in staat zijn de Allerhoogste in alles te zien. Om dit te bereiken moeten we tempelaanbidding beoefenen met begrip van dit principe. Eigenlijk aanbidden we het Zelf dat in ons verblijft. Omdat dit voor de meeste mensen moeilijk te begrijpen is, projecteren we dit Hoogste Principe op een beeld, als een spiegel, en aanbidden het daar. Terwijl we in een tempel aanbidden, moeten we een tempel in onszelf bouwen. Dan kunnen we God overal zien. Dus dit is het doel van aanbidding in een tempel. Het is wat we doen wanneer we voor het allerheiligste staan, een blik van het beeld opvangen en dan onze ogen sluiten. We zien in ons het beeld van God dat we zojuist uiterlijk in het binnenste heiligdom van de tempel zagen. En dan hopen we onze ogen te openen en God in alles te zien. Op deze manier kunnen we alle vormen transcenderen en het allesdoordringende Zelf realiseren.

Voor velen van ons is het aanbidden van God een deeltijdactiviteit. Wat we nodig hebben is fulltime devotie. Bidden voor de vervulling van een bepaald verlangen is parttime devotie. Wat we nodig hebben is de liefde en devotie voor God die naar de Hoogste Liefde leidt. Onze enige wens moet zijn van God te houden. Dat is alles waarvoor we moeten bidden. We moeten ons altijd op God richten. We moeten God in alles zien. Het is God die ons het vermogen om te bidden gegeven heeft. Als Gods kracht er niet zou zijn, zouden we zelfs geen vinger op kunnen tillen. Fulltime devotie is je voortdurend bewust zijn dat God ons alles laat doen. Op deze manier kunnen we het gevoel van 'ik' kwijtraken, dat geworteld is op het niveau van lichaam, geest en intellect, en onszelf als het allesdoordringende Bewustzijn ervaren.

De grote dichter Kalidas ging het binnenste ~~heiligdom binnen en~~ sloot de deur. De Goddelijke Moeder kwam en klopte op de deur. Toen de deur niet openging, vroeg Ze: "Wie is er binnen?"

Onmiddellijk kwam het antwoord: "Wie is er buiten?" Opnieuw zei Ze: "Wie is er binnen?" en er kwam hetzelfde antwoord: "Wie is er buiten?" Uiteindelijk antwoordde de Goddelijke Moeder: "Kali is buiten!" en het antwoord kwam: "*Dasa* (dienaar) is binnen!"

Hoewel het hem herhaaldelijk gevraagd werd, vertelde hij niet wie er binnen was. Hij noemde zijn naam niet. Pas nadat hem verteld was: "Kali is buiten" zei hij "Dienaar is binnen!" Op dat moment ontving hij een volledig visoen van Kali. Wanneer we het 'ik' verliezen, is alles wat er overblijft 'U, God'. De onbelangrijke identiteit 'ik' moeten we opgeven. Echte devotie is het bewustzijn "U bent alles! U laat ons alles doen!" Op deze manier verkrijgen we alles, waarnaar er niets meer te verkrijgen is.

God heeft ons het gezichtsvermogen gegeven. God heeft het licht niet nodig van een olielampje waaraan wij tien roepies hebben uitgegeven om hem aan te steken. God heeft niets van ons te winnen. Wanneer we onze toevlucht tot God nemen, zijn wij degenen die erbij winnen. Het geld dat we in de tempel offeren, symboliseert onze overgave. Het helpt ons een houding van overgave te ontwikkelen. En ook, wanneer we een lampje met olie of geklaarde boter aansteken, wordt de atmosfeer gezuiverd door de rook van de vlam. We moeten geen offergave doen enkel om een wens te laten uitkomen. We moeten God niet zien als iemand die steekpenningen aanneemt!

Zelfs zaad van het beste ras zal niet ontkiemen als het in onze handen blijft. We moeten de zaden loslaten en ze in de bodem planten. Alleen met overgave zullen we profijt hebben. Zo ook moeten we de houding 'Dit is van mij' of 'Mijn wens moet vervuld worden' opgeven. We moeten de houding ontwikkelen 'Alles is alleen van U. Laat Uw wil geschieden'. Alleen met zo'n overgave is onze devotie volledig.

Veel mensen denken dat overgave betekent dat we alleen resultaat krijgen door iets aan God te geven. Maar zo moet overgave niet begrepen worden. Op het moment zijn we nog op het niveau van de geest en het intellect: "Ik ben dit lichaam. Ik ben de zoon of dochter van die en die. Mijn naam is zo en zo." Die attributen die we aan het 'ik' hebben toegevoegd, moeten verwijderd worden.

Het ego is het enige wat we zelf hebben geschapen en dat moeten we opgeven. We moeten het ego aan God overgeven. Wanneer we het ego overgeven, blijft alleen wat God geschapen heeft over. We worden dan een fluit aan Zijn lippen of het geluid van Zijn schelp. Om op te stijgen naar het niveau van onbegrensdheid is het enige wat we moeten doen van de individuele geest, die onze eigen creatie is, afkomen. Als 'ik' en 'mijn' eenmaal opgegeven zijn, is er geen beperkt individu. Er is alleen Dat wat alles doordringt.

Een zaadje zal niet ontkiemen als het op een rots geworpen wordt. Het moet in de aarde geplant worden. Op dezelfde manier moeten wij van ons ego afkomen, als we echt profijt willen trekken van onze handelingen en inspanningen. We moeten de houding van overgave ontwikkelen. Met Gods genade is dan alles mogelijk.

Het is onze geest die we aan God over moeten geven, maar we kunnen onze geest er niet gewoon uittrekken en hem offeren. Daarom offeren we dingen waar de geest aan gehecht is en dat staat gelijk met het overgeven van de geest. Sommige mensen zijn dol op *payasam* (zoete rijstpudding), daarom wordt er *payasam* aan God aangeboden. En wanneer de *payasam* later als *prasad* (geheiligde offergave) aan arme kinderen wordt uitgedeeld, dient hij een ander doel. De geest is het sterkst gehecht aan rijkdom. Om van die band bevrijd te worden offeren we geld in de tempel. We offeren ook bloemen in de tempel, maar wat we echt aan God moeten aanbieden zijn de bloemen van ons hart. Ons hart aanbieden is ware overgave, echte devotie. Het offeren van bloemen symboliseert dit.

In plaats van alleen maar te eisen: "Geef me dit en dat" moeten we ook hunkeren naar Gods eigenschappen als liefde, mededogen en innerlijke vrede. Herhaal een mantra, verricht goede daden en bid om Gods genade. God zal je alles geven wat je nodig hebt. Het is niet nodig om iets speciaals te vragen.

Aanbid God met liefde. God is zich bewust van al onze verlangens. Denk niet dat God alles alleen maar weet als we het Hem vertellen. Je moet alles aan een advocaat of een dokter vertellen, zodat de advocaat je zaak effectief kan bepleiten en de dokter de juiste diagnose kan stellen en de juiste behandeling kan geven. Maar God weet alles, zelfs als we Hem niets vertellen. God is alwetend. Maar wanneer we een zwaar hart hebben, is er niets tegen om ons hart voor God te openen en onze lasten aan Hem over te geven. Maar we moeten begrijpen dat dit slechts het begin is. Geleidelijk moeten we leren God onbaatzuchtig te aanbidden, zonder verwachtingen. Als we dan voor onszelf bidden, bidden we alleen om liefde en devotie voor

God. Wanneer het enige doel van onze devotie is om steeds voller van liefde en devotie te worden, zal ons al het andere wat we nodig hebben ook gegeven worden. We zullen er materieel profijt van hebben, spiritueel groeien en ons ontwikkelen op het spirituele pad. Alleen door onschuldige hoogste liefde en devotie kunnen we God realiseren. We moeten bidden om één te worden met God. Dan zal Zijn genade vanzelf naar ons stromen en zullen we vol goddelijke eigenschappen zijn.

Probeer in de tempel je geest volledig op God gericht te houden. Rondom de tempel lopen moet je doen terwijl je een mantra herhaalt. Terwijl je voor het altaar staat voor de *darshan*[17], moet je je ogen sluiten en de goddelijke vorm met concentratie visualiseren en hierop mediteren.

Het is echter niet voldoende om naar de tempel te gaan en daar een beetje te bidden. We moeten iedere dag ook wat tijd reserveren voor meditatie op God. Herhaal je mantra zo vaak mogelijk. Hierdoor verkrijgen we spirituele kracht. Als we het water dat door verschillende takken van een rivier stroomt, samenbrengen en het door één kanaal laten stromen, zal het een grote kracht krijgen. We kunnen er zelfs elektriciteit mee

---

[17] Een audiëntie bij of visioen van God of een heilige.

opwekken. Op een vergelijkbare manier wordt de kracht van de geest verspild door een grote hoeveelheid gedachten, maar als we de geest op slechts één gedachte richten, zal de geest grote kracht krijgen. Als de gemiddelde persoon met een gewone conrolepost van een elektrische leiding vergeleken kan worden, is iemand die spirituele ascese beoefent, als een elektrische transformator.

We moeten de basisprincipes achter aanbidding begrijpen. In plaats van te denken dat er ontelbare verschillende goden zijn, moeten we hen als verschillende vormen van dezelfde God zien.

Tegenwoordig komt er een toenemend aantal mensen naar tempels. Maar het is twijfelachtig of de spirituele vorming en het begrip van de mensen zich met dezelfde snelheid ontwikkelt. Dit komt doordat er vrijwel geen systeem in de tempels is om onze culturele erfenis uit te leggen. Als gevolg daarvan zien de mensen de tempel als een plaats om vervulling van hun wensen te krijgen. Wanneer tempelgangers tegenwoordig hun ogen sluiten om te bidden, stellen ze zich hun verlangens duidelijk in hun geest voor. Amma bedoelt niet dat je geen verlangens mag hebben, maar wanneer de geest vol verlangens is, kun je geen vrede ervaren. Sommige mensen gaan naar de tempel omdat ze bang zijn dat hun een gevaar zal overkomen, als ze God niet aanbidden. Maar God is op iedere manier onze beschermer. Wat we door juiste aanbidding krijgen is volledige vrijheid van angst.

Nu is tempelaanbidding alleen een imitatie. De aanbidding wordt niet gedaan met begrip van de principes die erachter liggen. De zoon vergezelt zijn vader naar de tempel. De vader loopt om het heiligdom heen. De zoon doet hetzelfde. Hij doet alles na wat zijn vader in de tempel doet. De zoon groeit op en neemt zijn zoon mee naar de tempel. Wat er eerst gebeurde, wordt herhaald. Als je hun vraagt waarom ze dat allemaal doen, hebben ze geen antwoord. En in de tempels wordt vandaag de dag niets ondernomen om de onderliggende principes uit te leggen.

Er was een man die iedere dag *puja* (rituele aanbidding) in zijn tempeltje thuis deed. Op een dag had hij alles klaargezet en toen hij met de aanbidding begon, kwam zijn poes binnen en dronk de melk op die voor de *puja* bedoeld was. Toen hij de volgende dag alles klaarmaakte voor de puja, plaatste hij de poes onder een mand. Pas toen de *puja* voorbij was, liet hij de poes[18] vrij.

---

[18] God is natuurlijk ook in de poes aanwezig. Maar als we God in een bepaalde vorm aanbidden, is uiterlijke reinheid

Hij maakte er een gewoonte van om de poes iedere dag onder een mand te plaatsen voordat hij met de *puja* begon. Zo gingen de jaren voorbij. Toen hij stierf, nam zijn zoon de familiepuja over. Hij zette het ritueel om een mand over de poes te plaatsen voort. Op een dag had hij alles klaar voor de *puja* en zocht naar de kat. Die was niet te vinden. Hij ontdekte dat de kat gestorven was. Hij verspilde geen tijd. Hij haalde een kat bij de buren en plaatste die onder de mand, voordat hij met de *puja* verderging.

De zoon had zijn vader nooit gevraagd waarom de poes onder een mand geplaatst werd. Hij volgde eenvoudig de gewoonte van zijn vader zonder zich om de reden erachter te bekommeren. Tegenwoordig nemen de meeste mensen op dezelfde manier rituelen in acht. Ze proberen nooit de principes erachter te leren. Ze herhalen gewoon wat anderen vóór hen gedaan hebben. Wat voor religie we ook aanhangen, we moeten proberen de redenen achter de verschillende rituelen te leren. Dat is wat er nu gedaan moet worden. Als we dit doen, zullen rituelen die zinloos zijn, niet overleven. Als

---

belangrijk, omdat uiterlijke reinheid tot innerlijke reinheid leidt.

zulke rituelen nog beoefend worden, kunnen we ze bewust afschaffen.

Er moet een systeem in de tempels zijn om spiritualiteit en de principes achter de voorschriften die bij de tempels horen, uit te leggen. Tempels moeten centra worden die een spirituele cultuur in de mensen bevorderen. Op deze manier kunnen we onze prachtig erfgoed terugwinnen.

ॐ

Vraag: Waarom is het maken van allerlei offergaven in de tempel nodig?

Amma: God heeft niets van ons nodig. Waaraan ontbreekt het de Heer van het universum? Waarom zou de zon een kaars nodig hebben?

Het echte offer aan God is door het leven te gaan met bewustzijn van de spirituele principes. Eten en slapen alleen naar behoefte, praten alleen wanneer het nodig is, spreken op een manier die niemand kwetst, niet onnodig tijd verspillen, voor de bejaarden zorgen en liefdevol met hen praten, kinderen helpen onderwijs te krijgen, bij afwezigheid van een gewone baan een beroep leren dat je thuis kunt beoefenen en iets van het inkomen aan de armen geven – dit zijn allemaal verschillende vormen van gebed. Wanneer we iedere gedachte, woord en daad met het juiste bewustzijn doen, verandert het leven zelf in een aanbidding. Dit is het echte offer aan God. Maar de meeste mensen kunnen dit niet vatten, omdat ze de geschriften niet goed begrepen hebben. In de huidige tijd zijn er weinig geschikte gelegenheden om over Sanatana Dharma te leren. Er zijn volop tempels en er werken veel mensen, maar er moet iets opgezet worden zodat kennis van de cultuur aan de mensen doorgegeven kan worden. Hiervan zouden de mensen veel profijt hebben. Het resultaat van het ontbreken hiervan kan nu in de samenleving gezien worden.

Het is goed om in gebed tranen om God te storten, wat onze doeleinden ook mogen zijn. Dit zal ons naar het hoogste goed leiden. Een baby kan misschien niet goed 'papa' zeggen, maar de vader begrijpt wat het kind bedoelt. Hij weet dat de fout van het kind uit onwetendheid gemaakt wordt. God hoort ons, om het even hoe we bidden. God kijkt alleen naar ons hart. Hij kan zich niet afwenden van een oprecht gebed.

Wanneer we over offergaven in de tempel horen, denken we meteen aan *payasam* en andere dingen die aan de godheid tijdens de *puja* worden aangeboden. Sommige mensen vragen: "Wanneer arme mensen hongerlijden, hoe kunnen we dan aan God zoete gerechten aanbieden?" Maar we zien in feite geen enkele godheid de *payasam* opeten. Wij zijn degenen die het naderhand opeten. De toegewijden delen de *payasam* die in de tempel geofferd is. Zo krijgen de armen en de kinderen allemaal de kans om van het eten te genieten. Het is hun voldoening die als een zegen naar ons komt. Hoewel wijzelf van *payasam* houden, verruimt ons hart zich wanneer we het met anderen delen. We voelen vreugde door het opengaan van ons hart. Dit is de echte genade die we krijgen door offergaven in de tempel te doen.

Alles wat we doen, doen we om Gods genade te verwerven. Daarom moeten we alles als een offer aan Hem doen. De boer bidt voordat hij het zaad zaait, omdat menselijke inspanning altijd zijn beperkingen heeft. Wil een handeling helemaal volledig zijn en vrucht dragen, dan is Gods genade nodig. De rijst is geplant. Hij groeit en brengt een oogst voort. Maar als er net voor de oogst een overstroming is, gaat alles verloren. Voor iedere handeling geldt dat hij volledig gemaakt wordt door Gods genade. Daarom gaven onze voorouders de traditie door van de houding dat we alles eerst aan God overgeven, en het dan pas uitvoeren of accepteren. Zelfs wanneer we eten, wordt het eerste stukje aan God aangeboden. Dit is de houding van overgave en delen. Op deze manier ontwikkelen we de houding dat we het leven niet als van ons beschouwen, maar als iets wat we met anderen moeten delen. Het is ook een proces van overgave van alles waar de geest aan is gehecht.

Als we ons afvragen waaraan onze geest gehecht is, weten de meesten van ons het antwoord. Negentig procent van onze gehechtheid is aan rijkdom. Wanneer het bezit van het gezin verdeeld wordt, aarzelen we niet onze moeder voor het gerecht te slepen als ons deel van het land tien kokospalmen minder heeft dan dat van onze broers en zussen. Voordat een Indiase man trouwt, wordt de geschiedenis van haar familie bekeken en ook de rijkdom van haar familie. De uitzonderingen hierop zijn zeldzaam, slechts een paar die we op onze vingers kunnen tellen. Dus de geest is het meest aan rijkdom gehecht en het is niet gemakkelijk de geest hiervan los te maken. Een eenvoudige manier om dit te doen is de geest aan God te wijden. Wanneer we onze geest aan God offeren, wordt hij gezuiverd. We bieden God die dingen aan die ons dierbaar zijn als een manier om de geest over te geven.

Sommigen zeggen dat Krishna erg dol op *payasam* was. Maar Krishna *is* zoetheid, de zoetheid van de liefde. Wij houden van *payasam* en omdat we het aan Krishna aanbieden, geloven we dat hij er echt dol op is. Maar het is een offer van iets waar wijzelf van houden. In essentie is de Heer liefde. Hij geniet van de *payasam* van ons hart, van onze liefde.

Een toegewijde kocht veel druiven, appels en allerlei soorten zoetigheid en zette die in zijn pujakamer als offer aan de Heer. "Heer," zei hij, "Kijk eens hoeveel ik voor U heb meegebracht: appels, druiven en snoep. Bent u nu tevreden?"

Hij hoorde een stem die zei: "Nee, dat zijn niet de dingen die me tevreden stellen."

"Heer, vertel me wat U graag wilt. Ik zal het voor U kopen."

"Er is een bloem die bloem van het hart genoemd wordt. Die wil ik."

"Waar kan ik die vinden?"

"In het dichtstbijzijnde huis."

De toegewijde ging direct naar het huis van de buren, maar de buren wisten niets van zo'n bloem af. Hij ging naar alle huizen in het dorp. Iedereen gaf hetzelfde antwoord: "We hebben zo'n bloem niet gezien of ervan gehoord."

Uiteindelijk keerde de toegewijde naar de Heer terug, knielde voor hem en zei: "Heer, vergeef het me alstublieft. Ik heb overal in het dorp gezocht, maar kon de bloem die U wilde, niet vinden. Ik kan U alleen mijn hart aanbieden."

"Dat is de bloem waarom ik gevraagd heb, de bloem van je hart. Tot nu toe zijn alles wat je me geofferd hebt, dingen die door mijn kracht geschapen zijn. Zonder de hulp van mijn kracht kun je niet eens je hand optillen. Alles in de wereld is mijn schepping. Maar er is één ding dat jij geschapen hebt: de houding van 'ik' (het ego). Dat moet je aan mij overgeven. Je onschuldige geest is de bloem waar ik boven alles de voorkeur aan geef."

Wanneer Amma dit zegt, kun je je afvragen waarom men bloemen aan God moet offeren. Maar dat is niet alleen maar een ritueel. Het heeft ook een praktisch aspect. Veel mensen kweken bloemen om aan God aan te bieden. Het verschaft een inkomen aan degenen die de bloemen plukken en degenen die ze verkopen.

Het geeft ook voldoening aan hen die de bloemen kopen en aan God aanbieden. Dus de bloemen die vandaag bloeien en morgen verwelken, geven veel mensen een inkomen, en zij die ze kopen en ze bij de aanbidding offeren, vinden voldoening. Bovendien worden die planten zorgvuldig in de natuur bewaard. We moeten op die manier naar het nut van alles kijken. We kunnen ons afvragen of een krans van stof niet beter is dan een bloemenkrans. Die kransen zijn ook goed en geven veel mensen werk, maar zij vergaan niet zo snel. De echte bloemen bloeien vandaag, verwelken en vallen morgen af. We kunnen op die manier het best gebruik van hen maken.

Wanneer we de goddelijke principes begrijpen, zullen Gods eigenschappen zich in ons manifesteren. Amma herinnert zich de dagen van weleer. Voordat de dorpelingen een pelgrimstocht naar Sabarimala maakten, maakten ze rijstgruwel en een speciale groentecurry en gaven iedereen die kwam te eten. Voordat ze de speciale pelgrimszakken op hun hoofd tilden, gaven ze handenvol muntjes aan de kinderen. Wanneer we anderen gelukkig maken, bijvoorbeeld door een uitgebreide maaltijd aan de armen of geld voor snoep aan de kinderen te geven, komt dat in de vorm van

voldoening naar ons terug. De liefdevolle vriendelijkheid die we anderen tonen, komt als genade
naar ons terug.

Het geld dat we in de tempel offeren is niet
een soort steekpenning. Het symboliseert onze
liefde voor God. Iets geven aan iemand van wie we
houden is het uiterlijke aspect van de liefde. Wanneer liefde uiterlijk wordt uitgedrukt, wordt het
liefdevolle vriendelijkheid. We houden van God,
maar alleen wanneer we iets aan God offeren,
wordt die liefde getransformeerd in mededogen
voor de wereld. Alleen zij die dit doen, ontvangen
Gods genade.

We gehoorzamen gewoonlijk de woorden van
degene van wie we het meest houden. Een vrouw
zegt een jongeman die van haar houdt, dat hij op
moet houden met roken. Als hij oprecht van haar
houdt, zal hij een punt zetten achter zijn slechte
gewoonte. Dat is liefde. Als hij daarentegen met
haar redetwist en wil weten waarom hij haar moet
gehoorzamen, dan is er geen echte liefde. In liefde
zijn er niet twee individuen. Amma heeft op deze
manier veel mensen slechte gewoonten op zien
geven. Ze zeggen: "Ze vindt het niet leuk als ik
drink. Ze houdt niet van de kleren die ik draag."
Je kunt vragen of het een zwakheid is om je aan

te passen aan degenen van wie je houdt. Maar in liefde is dit geen zwakheid. Je kunt niet van de liefde genieten als rede en logica een rol gaan spelen. In liefde is er alleen maar liefde. Er is geen plaats voor logica.

Zij die oprecht van God houden, zullen slechte gewoonten opgeven. Ze zullen niets doen waar God niet van houdt. Of als ze een fout maken, doen ze hun best die niet te herhalen. Ze sparen het geld dat ze vroeger aan slechte gewoonten uitgaven en gebruiken het om arme mensen te helpen, omdat het dienen van de armen de echte aanbidding van God is. Ze beperken het gebruik van luxeartikelen en gebruiken het geld dat zo wordt bespaard om de armen te dienen. Ze nemen de gewoonten aan om het gebruik van alles te beperken tot niet meer wat nodig is. Ze geven het verlangen om rijkdom te vergaren op. Ze geven iedere gedachte op om rijk te worden door anderen uit te buiten. Zo handhaven ze het evenwicht en de harmonie in de samenleving.

We hebben geen hersengymnastiek in logica nodig, maar praktisch gezond verstand. Daar heeft iedereen iets aan. Er is een gezegde dat leugens vertellen blindheid veroorzaakt. Ons intellect weet, dat als dat waar was, er alleen maar blinden mensen op de aarde zouden zijn. Maar wanneer we een kind vertellen dat liegen blindheid veroorzaakt, zal het uit angst van liegen afzien. Stel dat je een kind dat naar de tv kijkt, zou zeggen: "Kom hier, kind, we gaan je onsterfelijkheid geven." Het kind zal het aanbod afwijzen en zeggen dat hij blij naar de tv zit te kijken. Maar als hem gezegd wordt: "Rennen, het huis staat in brand!" zal hij ogenblikkelijk de deur uitrennen. Die woorden zetten hem tot actie aan. Dit heeft niets met het intellect te maken. De woorden zijn eenvoudig praktisch. Veel oefeningen lijken misschien zinloos of bijgelovig, maar wanneer we ze dieper onderzoeken, kunnen we zien dat we er veel praktisch voordeel van hebben. De geest is heel beperkt, ongenuanceerd en kinderlijk en deze oefeningen leiden de geest in de juiste richting.

Een zuigeling kan geen vlees verteren. Dat zou de baby ziek maken. Aan een jonge baby kunnen we alleen eenvoudig voedsel geven. We moeten afdalen naar ieders niveau en de passende leiding verschaffen. De dingen moeten uitgelegd worden op een manier die bij ieders lichamelijke, mentale en intellectuele geaardheid past. In Sanatana Dharma zijn er leerstellingen die uitgedrukt worden op manieren die voor allerlei mensen geschikt zijn. Daarom lijken sommige dingen in Sanatana Dharma voor sommige mensen misschien niet verfijnd of zelfs bespottelijk. Maar als we ze logisch onderzoeken, zullen we zien hoe praktisch ze zijn. Het is niet verkeerd om te zeggen dat bruikbaarheid de basis van Sanatana Dharma is.

ॐ

Vraag: We zien dat er dure juwelen gebruikt worden om de beelden in de tempel te versieren. Hoe kan zo'n luxe verenigbaar zijn met devotie en spiritualiteit?

Amma: Het goud en zilver dat gebruikt wordt om de beelden van God te versieren, behoort niet aan een bepaalde persoon toe. Het is van de samenleving als geheel. Die rijkdom blijft in de tempel. Kopen de meesten van ons geen gouden sieraden en houden we die niet thuis? Het waarderen van schoonheid is een deel van onze aard. We houden van alles wat mooi is. Daarom dragen mensen juwelen en kleurige kleren. Maar deze aantrekking door uiterlijke dingen veroorzaakt gebondenheid. Het versterkt het idee dat we het lichaam zijn.

Als we onze aantrekking tot schoonheid op God richten, zal het ons verheffen. Als we het beeld van God verfraaien, zullen we van een schoonheid genieten die goddelijk is. Op deze manier wordt onze geest op God gericht. Zelfs zonder versieringen is God de essentie van alle schoonheid. Maar gewoonlijk kunnen we alleen van die schoonheid genieten door bepaalde symbolen of beperkende hulpmiddelen. Daarom versieren we de beelden van God op de manier waarop we ons God voorstellen.

In vroeger tijden was de koning de heerser over het hele land. God is echter de heerser over het hele universum. De mensen zagen God op dezelfde manier als ze de koning zagen. Ze geloofden dat God alles verschafte wat nodig was voor het universum, zoals de koning alles verschafte wat zijn onderdanen nodig hadden. Ze zagen God als de Koning der koningen. Daarom versierden ze Gods beelden, de tempelbeelden, op een koninklijke manier en schiepen genoegen in die schoonheid.

Een pot met goud heeft geen verfraaiing nodig. God heeft geen versiering nodig. God is de Schoonheid van alle schoonheid. Niettemin vervult het versieren van een Godsbeeld en het kijken naar dat prachtige beeld sommige toegewijden met vreugde en wordt er een positieve atmosfeer in hun hart geschapen. De verfraaiingen bevorderen devotie in zulke mensen.

De inspanning om schoonheid in uiterlijke voorwerpen te zien zal blijven totdat men *jivan-mukta*[19] bereikt. Mensen zoeken overal naar schoonheid. Ze willen graag de knapste man of de mooiste vrouw zijn. Omdat God perfecte Schoonheid is, wat kan er dan verkeerd aan zijn om God (of een beeld van God) in de mooiste vorm te zien? God is het allesdoordringende Bewustzijn. De toegewijden weten dat God overal is, binnen en buiten. Maar omdat ze toegewijden zijn, willen ze die boeiende vorm natuurlijk met hun eigen ogen zien en van die schoonheid genieten.

"Zijn lippen zijn lief, zijn gezicht is lief, zijn ogen zijn lief, zijn glimlach is lief, zijn hart is lief, zijn manier van lopen is lief. Alles aan de Heer van Mathura[20] is lief[21]. Zo ziet de toegewijde

---

[19] De toestand van Zelfrealisatie of verlichting die men bereikt terwijl men nog in leven is.

[20] De Heer van Mathura verwijst naar Krishna. Mathura was de hoofdstad van het koninkrijk dat Krishna terugwon van zijn verdorven oom Kamsa en weer onder de heerschappij van zijn grootvader plaatste.

[21] Madhurashtakam door Sri Shankaracharya.

schoonheid in alles wat met God verbonden is en probeert hij met alle zintuigen van die schoonheid te genieten: Gods vorm met de ogen, Zijn goddelijk lied met de oren, Zijn *prasad* met de tong, Zijn geur met de neus, de speciale zalfjes (bijvoorbeeld sandelpasta) met de tastzin. Zo kan ieder zintuig gebruikt worden om de geest volledig op God te richten.

God is volmaakt compleet, of hij nu in de vorm van een koning of een bedelaar verschijnt. We verfraaien God in overeenstemming met onze verbeelding, dat is alles. God kan niet beperkt worden tot onze zeer beperkte begrippen. Noch heeft God aan iets gebrek. Het maakt voor God helemaal geen verschil of we Zijn beeld decoreren of niet. Niets van de dure dingen die de toegewijden offeren, beïnvloedt God op enige wijze. Het zijn gewoon versieringen, alleen maar verfraaiingen om de toegewijde te bevredigen.

In dit verband herinnert Amma zich het verhaal van Sri Rama. De beslissing om Rama tot kroonprins uit te roepen was genomen. De voorbereidingen voor de ceremonie waren al aan de gang. Maar plotseling werd hem gevraagd naar het bos in ballingschap te gaan en hij vertrok zonder enige verandering in zijn emoties. Als hij het gewild had, had hij als koning kunnen regeren, de mensen stonden allemaal aan zijn kant, maar niettemin vertrok hij en hij betreurde zijn beslissing nooit, omdat hij aan niets gehecht was. Deze onthechting moeten we verkrijgen door God te aanbidden.

De rover die in hechtenis genomen wordt, wordt door politie omgeven. De minister president wordt ook door politie omgeven, maar in het geval van de minister president staat de politie onder zijn controle. Als hij niet wil dat ze er zijn, kan hij ze wegsturen. De rover is daarentegen bang voor de politie en staat onder hun controle. God is als de minister president. Alles staat onder zijn controle. Dit verandert niet, welke vorm God ook aanneemt. Wanneer God zich in verschillende incarnaties op aarde manifesteert, gedragen die incarnaties zich als mensen, omdat ze een levend voorbeeld voor de wereld willen zijn. Maar dit bindt hen op geen enkele manier. Ze zijn als boter in water. Ze zijn als een rijpe pinda in de dop. Ze zijn aan niets gehecht, noch kan iets zich aan hen hechten.

ॐ

Vraag: Er bestaat een gebruik dat men stoffen als honing en geklaarde boter in het vuur offert tijdens een *homa* (heilig vuurritueel) om Gods genade te krijgen. Is het juist om dingen op deze manier te verspillen? Men zegt dat er veel dure dingen in het vuur geofferd worden. Wat is Amma's kijk hierop?

Amma: Amma keurt het offeren van dure materialen in het vuur niet goed. Als het gedaan is, was het misschien om de gehechtheid van de geest aan die materialen te verwijderen. Maar dan nog is het beter zulke dingen als gift weg te geven dan ze in het vuur te gooien. Dat zou de armen ten goede komen en dit lijkt Amma logischer.

Er zijn echter subtiele betekenissen betrokken bij een *homa*. Het is het ego dat aan God geofferd wordt. Het ego is de creatie van de geest en de *homa* symboliseert de overgave van de geest aan God. We offeren in het vuur materialen die onze zintuigen symboliseren, omdat onze zintuigen de binding of gehechtheid van de geest vormen. Om Gods genade te ontvangen is het niet nodig een ritueel uit te voeren waarbij we allerlei voorwerpen in het vuur offeren. Als we goede daden verrichten, is dat genoeg. Het is genoeg als we van anderen houden en hen dienen. Gods genade zal gaan naar degenen die deze houding hebben.

In een ander opzicht wordt het materiaal dat in de homavuur geofferd wordt, niet echt verspild. Ceremonies als de *homa* zijn uiteengezet in dat deel van de Veda's dat over rituelen gaat. Sommige voordelen van die rituelen zijn wetenschappelijk bewezen. De *homa* komt de natuur ten goede. Wanneer geklaarde boter, kokosnoten, honing, sesamzaadjes, karukagras en andere ingrediënten in het vuur geofferd worden, heeft de rook van het gras het vermogen de atmosfeer te zuiveren. Het desinfecteert zonder het gebruik vaan giftige chemicaliën. Zij die de geurige rook van de *homa* inademen, profiteren er ook van.

Onze voorouders in de oudheid maakten vuur door speciale stukken hout tegen elkaar te wrijven. Dit verontreinigde de lucht niet zoals het aansteken van lucifers doet. Door het vuur bij de dageraad aan te steken, er in een gemakkelijke houding naast te zitten en de *homa* te verrichten, krijgen we innerlijke concentratie. Onze gedachten worden minder en psychische spanning neemt af. Door naast het vuur te zitten transpireert het lichaam en worden de onzuiverheden in het lichaam geëlimineerd. We ademen de geur van de brandende geklaarde boter en kokos in, wat goed voor onze gezondheid is. Tegelijkertijd wordt de atmosfeer gezuiverd. Iedere ceremonie en ritueel dat onze voorouders voorschreven, was niet alleen voor innerlijke zuivering bedoeld, maar ook om de harmonie in de natuur te bewaren. Geen enkele voorgeschreven handeling veroorzaakte verontreiniging.

In vroeger tijden was het in de meeste huizen de gewoonte om een olielamp rond de schemering aan te steken. Het branden van een pit in olie in een bronzen lamp helpt de atmosfeer te zuiveren. Als kind zag Amma hoe de rook van zulke lampen in een schaal verzameld werd. De vrouwen mengden het roet hiervan met citroensap en wanneer er een kind geboren werd, werd het mengsel op de ogen van het kind aangebracht. Dit vernietigt de organismen onder de oogleden zonder schadelijke neveneffecten. Die rook verschilt erg van de rook van een petroleumlamp.

De meeste gewoonten waaraan men zich in vroeger tijden hield, kwamen de natuur ten goede. Als vroeger kinderen ingeënt werden, brachten de moeders koeienmest op de plaats van de injectie aan om die snel te laten genezen. Als we nu koeienmest aan zouden brengen, zou de wond ontsteken. Zo onzuiver is koeienmest geworden. Het geneesmiddel uit het verleden is nu gif geworden. In die dagen werden er geen vergiftige chemicaliën in de landbouw gebruikt. Er werden alleen bladeren en koeienmest als mest gebruikt. Maar tegenwoordig gebruiken de meeste boeren vergiftige mest en insecticiden. Het hooi van zulke boerderijen wordt aan de koeien gevoerd en de mest van zulke koeien is daarom vergiftig. Het zou gevaarlijk zijn om een wond met die mest aan te raken. Zo verontreinigd is de natuur geworden.

Amma negeert niet dat er economisch voordeel kan zitten in het gebruik van kunstmest. Met die chemicaliën krijgen we tijdelijk betere oogsten, maar op een andere manier doden ze ons. We kunnen aanvoeren dat de grotere oogsten een oplossing zijn voor de hongersnood, maar we vergeten het belangrijke feit dat talloze cellen sterven in het lichaam van mensen die groenten en granen eten die met vergiftige kunstmest zijn gekweekt.

We nemen de prik van een klein naaldje niet erg serieus, maar als we voortdurend geprikt worden kan het in de dood eindigen. Het gevolg van vergiftige stoffen die ons lichaam binnenkomen is ook zo. Iedere cel van ons is bezig te sterven. Pas als we dood neervallen, beseffen we de ernst van de situatie. Door ons eten, het water en de lucht krijgen we ontelbare giffen binnen. Ze maken ons ziek en leiden ons sneller naar de dood.

We realiseren ons niet dat veel dingen die we tegenwoordig uit naam van hygiëne doen, negatieve effecten hebben. De mensen gebruiken chemische reinigingsmiddelen om hun huis schoon te maken en te desinfecteren. Maar zelfs het inademen van de geur van veel van die schoonmaakmiddelen is schadelijk voor onze gezondheid. Ze doden ook nuttige micro-organismen. Als we daarentegen een *homa* verrichten, doodt het materiaal dat we in het vuur offeren kiemen en zuivert de lucht. Geen van deze stoffen heeft schadelijke effecten.

Tegenwoordig gebruiken we giftige chemicaliën om mieren te doden. Die pesticiden schaden niet alleen de mieren, maar ook onze eigen cellen. Maar als we de geurige lucht van het homavuur inademen, worden de cellen in ons lichaam verfrist en gezonder. Het is niet alleen goed voor de mensen, maar ook voor andere levende wezens en de natuur.

In het verleden gebruikten de mensen wonderolie als laxeermiddel. Dat was helemaal niet schadelijk. Maar nu gebruiken mensen allerlei pillen als laxeermiddel. Die stoffen werken als laxeermiddel, maar vernietigen tegelijkertijd veel nuttige bacteriën in het lichaam en kunnen ook andere neveneffecten hebben. Hoewel ze dit weten, vinden veel mensen het gemakkelijk van die laxeermiddelen afhankelijk te zijn. Mensen hebben de neiging alleen rekening te houden met wat op dat moment het gemakkelijkst is en negeren het liefst de toekomstige gevolgen.

In vroeger tijden verrichtten de mensen iedere handeling in het licht van een allesomvattend perspectief op de natuur. De *homa* begon vanuit dit perspectief. Amma bedoelt niet dat iedereen *homa's* moet gaan doen. Het is voldoende als we dat geld voor charitatieve activiteiten gebruiken. Plant bovendien tien nieuwe bomen. Dit zal de atmosfeer ten goede komen en helpen de natuur te behouden.

ॐ

Vraag: Hebben we er iets aan de duizend namen te zingen, te bidden, mantra's te herhalen enz.? Moeten we die tijd niet liever gebruiken om iets nuttigs voor de wereld te doen?

Amma: Veel mensen zingen sensuele liederen. Als we tegen hen zouden zeggen: "Wat heeft dat voor zin? Moet je niet liever iets nuttigs voor de wereld doen?" wat zouden ze dan daarop zeggen? Is het niet zo dat alleen degenen die het nut van iets ervaren, het kunnen begrijpen? Mensen genieten ervan naar gewone liedjes te luisteren. Wanneer de toegewijde Gods naam hoort zingen, vergeet hij al het overige en raakt in God geabsorbeerd. Gewone liedjes zijn leuk omdat ze over de emoties van de mensen en over wereldse relaties gaan. De luisteraars raken in die gevoelens geabsorbeerd en genieten ervan. Maar wanneer er *bhajans* en gebeden gezongen worden, ervaren zowel de zangers als de luisteraars innerlijke vrede.

Discomuziek bijvoorbeeld wekt allerlei emotionele golven op. Het luisteren naar sensuele liederen wekt de stemming van minnaar en geliefde op en leidt tot overeenkomstige gedachten en gevoelens. *Bhajans* daarentegen herinneren ons aan onze relatie met God. Er worden goddelijke eigenschappen opgewekt in plaats van wereldse emoties. De emoties worden tot rust gebracht en dit schenkt vrede aan de zangers en luisteraars.

Amma keurt gewone liedjes niet af. Veel mensen genieten ervan. Er zijn verschillende soorten mensen op aarde. Alles heeft een bepaalde betekenis op het niveau van ieder individu. Daarom wijst Amma niets af.

Als we Gods glorie bezingen, streven we niet alleen naar Godrealisatie. Er zijn ook andere voordelen. *Bhajans* en gebeden wekken positieve vibraties in ons en in onze omgeving op. Daarin is geen plaats voor kwaadheid of negativiteit. Er is alleen het gevoel dat iedereen tot vriend maakt. Door gebed vindt er bij de toegewijde een proces van contemplatie plaats. Een kind herhaalt een woord tien keer, leert het van buiten en plant het stevig in zijn hart. Zo ook worden *bhajans* in ons hart geworteld wanneer we ze zingen, wanneer we steeds opnieuw Gods glorie bezingen, en dan wordt ons leven verrijkt.

Het zingen van *bhajans* maakt ons blij. Het is rustgevend. Om dit volledig te ervaren, moeten we de houding ontwikkelen: "Ik ben niets. U, God, bent alles." Dat is echt gebed. Het is niet gemakkelijk deze houding te ontwikkelen. De zon moet opkomen, wil de duisternis verdwijnen. Alleen met het dagen van kennis kan deze mentale toestand volledig tot bloei komen. Maar we hoeven niet tot dan te wachten. We moeten enkel de juiste mentale instelling ontwikkelen en verder te gaan.

We moeten niet vergeten dat God onze kracht is. Zelfs onze volgende ademhaling hebben we niet in de hand. We beginnen de trap af te lopen en zeggen: "Ik ben zo beneden" en toch horen we van mensen die aan een hartaanval bezwijken, voordat ze de zin afgemaakt hebben. We moeten dus de houding ontwikkelen dat we slechts instrumenten in Gods handen zijn.

We moeten niet bidden of *bhajans* zingen alleen maar voor de vervulling van onze wensen. Er zijn veel mensen die gebed als een middel voor persoonlijk voordeel zien. Het doel van gebed is positieve eigenschappen, goede vibraties in ons wakker te maken. Als we het leven alleen maar leven om onze verlangens te vervullen, zullen berovingen, moorden en verkrachtingen toenemen. Omdat er politie is en de mensen bang zijn voor de politie, is er tenminste enige beperking van de misdaad in de samenleving. Maar het is *liefde* die mensen echt helpt om op het juiste pad te blijven, liefde en devotie voor God. Dit is de praktische manier om de harmonie in de samenleving te bewaren. Gebed dat vergezeld gaat van positieve gedachten, brengt goede vibraties voort. Gebed dat vergezeld gaat van negatieve gedachten, brengt slechte vibraties voort. De vibraties rondom iemand die bidt, hangen af van de aard van zijn gebed. Als die persoon bidt voor het berokkenen van schade aan een tegenstander, zal de biddende persoon vol kwaadheid zijn en ontvangt de wereld kwaadheid van die persoon. Dus de vibraties die iemand die bidt naar de wereld uitzendt, komen overeen met de houding achter zijn gebed.

Er komen verschillende emoties in iemand op wanneer hij denkt aan zijn moeder, zijn vrouw en zijn kinderen. Wanneer hij aan zijn moeder denkt, zal moederliefde en affectie zijn hart vullen. Gedachten aan zijn vrouw kunnen huwelijks-sentimenten voortbrengen en gevoelens over het delen van het hart. Denkend aan zijn kinderen voelt hij ouderliefde. Al deze gevoelens zijn in de geest aanwezig en zij wekken verschillende vibraties op. Omdat de vibraties van onze mentale toestand afhangen, moeten we ervoor zorgen dat onze gebeden altijd vergezeld gaan van positieve gedachten. Alleen dan zullen onze gebeden van nut zijn voor ons en de samenleving als geheel. Gebed vergezeld van goede gedachten zonder gevoelens van kwaadheid of wraak verwijdert niet alleen spanning, maar schept ook zowel binnen als buiten een positieve atmosfeer.

Gedachten zijn als een besmettelijk virus. Als je dicht bij iemand die koorts heeft komt, kun je ook koorts krijgen omdat de kiemen die de ziekte veroorzaken aan jou kunnen worden doorgegeven. Als je naar een plaats gaat waar parfumflessen gevuld worden, zal je lichaam die geur overnemen. Zo ook worden er een subtiele invloed gecreëerd overal waar Gods glorie bezongen wordt. Die invloed zal zich naar onze aura verspreiden. Maar ons hart moet zich openen als dit wil gebeuren. Alleen dan kunnen we hiervan genieten en energie krijgen. Als we een negatieve houding hebben, zullen we er niets aan hebben.

Zelfs in een spirituele omgeving is de belangstelling van de mensen vaak beperkt tot het niveau van de zintuigen. Daarom ontvangen sommige mensen niet de genade van de spirituele meesters die ze benaderen en die hun zegeningen kunnen geven. Een kikker die onder een lotus woont, is zich niet bewust van de bloem en kan ook niet van de geur genieten. Zelfs rondom een uier vol melk worden muggen alleen door bloed aangetrokken.

Sommige mensen kunnen geen veranderingen zien in hen die spirituele onderwijs in de praktijk brengen. Ze zien alleen overal de gebreken. Er zijn mensen die het hindoeïsme bekritiseren door te wijzen op de dierenoffers die eens in naam van religie verricht werden. Als je naar hen luistert, lijkt het erop dat het hindoeïsme alleen uit dierenoffers bestaat. Als mensen in het verleden gevraagd werd het dier in zichzelf, het ego, te offeren, boden sommige mensen uit onwetendheid levende dieren als offer aan. Maar zien we vandaag de dag niet dat moderne mensen die beweren de waarheid te kennen, over de hele wereld mensenoffers uitvoeren? Denk er eens aan hoeveel mensen in naam van religie en politiek gedood worden. We beweren dat we boven onze voorouders zijn uitgestegen, terwijl dat in feite niet het geval is. De vooruitgang die we tonen, leidt naar onze ondergang. Om dit te begrijpen moeten we de situatie vanuit het volledige perspectief zien. We moeten het in vogelvlucht bekijken, want als we van beneden kijken, zien we slechts een zeer beperkt gedeelte.

De meeste mensen behoren tot een politieke partij. Ze kunnen aangetrokken worden tot de partij door het leven van de leiders en hun idealisme en opofferingen. Ze hebben die idealen overgenomen en beginnen nu misschien voor de partij te werken. Het zou echter nog beter zijn als ze spirituele idealen aan zouden nemen, want in die idealen is geen kwaadheid of wraak en geen egoïsme. Waar kunnen we verhevener idealen vinden dan in de Bhagavad Gita?

Sommigen vragen misschien: "Zegt Krishna in de Gita niet dat we alles moeten overgeven en zonder beloning moeten werken?" Maar bijna niemand denkt erover na waarom de Heer dit zei. Als het zaad gezaaid is, kan het wel of niet kiemen. Als er geen regen is, kun je putten graven en water voor irrigatie vinden. Maar hoe je ook je best doet, je kunt niet met zekerheid zeggen hoe goed de oogst zal zijn. Vlak voor de oogst kan een sterke storm of een overstroming de hele opbrengst vernielen. Dit is de aard van de wereld. Als we dit kunnen accepteren, kunnen we zonder verdriet leven. Daarom zei Krishna: "Doe je werk. Het resultaat is in Gods handen. Maak je er geen zorgen over." Hoe groot onze inspanning ook mag zijn, Gods genade is ook nodig als we de juiste resultaten van ons werk willen krijgen. Dit is wat Hij onderwees, niet dat we geen loon voor ons werk moeten vragen of ontvangen.

Als je oprecht gelooft dat het voldoende is handelingen te verrichten die voor de wereld van nut zijn in plaats van de glorie van God te bezingen, te bidden of Zijn namen te herhalen, dan is dat genoeg. God is niet iemand die hoog in de

hemel woont. God is overal. De Schepper en de
schepping zijn niet twee verschillende dingen. Het
goud en de gouden ketting zijn niet verschillend:
er zit goud in de ketting en de ketting is van goud.
God is in ons en wij zijn in God. Ja, het mooiste is
om God in alle mensen te zien en hen te aanbidden. Maar we moeten deze houding voor de volle
honderd procent aannemen. Het is heel moeilijk
handelingen op een volmaakt onbaatzuchtige
manier te verrichten. Egoïsme zal erin sluipen
zonder dat we er erg in hebben en dan zullen we
niet het volledige profijt van die onzelfzuchtige
handeling hebben.

Mensen kunnen zeggen: "Laten we niet praten over bazen en arbeiders. Laten we gelijkheid
invoeren." Maar hoeveel bazen zijn bereid hun
arbeiders in hun eigen stand op te nemen? Is de
leider die over arbeidersrechten spreekt, bereid
zijn stoel af te staan aan een volgeling? Onbaatzuchtigheid heeft te maken met daden, niet met
woorden. Maar dit gebeurt niet in één dag, want
er is voortdurend oefening voor nodig. We moeten eraan denken iedere ademhaling met goede
gedachten te vullen. We moeten proberen goede
eigenschappen te ontwikkelen. Wanneer we dit
doen, zal onze ademhaling goede vibraties in de

atmosfeer scheppen. Men zegt vaak dat fabrieken de lucht verontreinigen, maar er is een nog groter gif in de mens en dat is het ego. Dat moet boven alles gevreesd worden. *Bhajans* en gebeden zuiveren de geest die zulk gif in zich heeft.

Het is moeilijk een koe die wegrent tegen te houden door erachteraan te rennen. Maar als je wat voer waar de koe van houdt in je uitgestrekte arm houdt en haar roept, zal de koe komen en dan kun je het dier gemakkelijk vastbinden. Op dezelfde manier helpt het herhalen van een mantra ons de geest onder controle te brengen.

Hoewel wij één zijn met de Schepper, hebben we op het ogenblik onze geest niet onder controle en daarom zijn we ons niet bewust van die eenheid. We moeten de geest onder controle krijgen op dezelfde manier als we de afstandsbediening van een tv gebruiken om een bepaald kanaal te kiezen. Nu holt onze geest achter veel verschillende dingen aan. Het reciteren van de goddelijke namen is een gemakkelijke manier om de nukkige geest terug te brengen en hem op God te richten.

Door spirituele oefening ontwikkelt de geest het vermogen om zich aan iedere situatie aan te passen. De mensen neigen ertoe gespannen te zijn. Het herhalen van een mantra is een oefening die onze spanning verwijdert. In vroeger tijden gebruikten de kinderen bepaalde zaden om te leren tellen. Met de zaden oefenden ze: "een, twee, drie" enz. Later konden ze uit hun hoofd tellen zonder de hulp van de zaden. Wanneer een vergeetachtig iemand boodschappen gaat doen, zal hij een lijst maken. Wanneer alles gekocht is, kan de lijst weggegooid worden. Op dezelfde manier bevinden wij ons op het moment in een toestand van vergeetachtigheid; we zijn niet wakker. Totdat we wakker worden, zijn het herhalen van een mantra en andere spirituele oefeningen noodzakelijk.

Zoals er regels voor alles zijn, zijn er bepaalde regels voor meditatie en andere spirituele oefeningen. Iedereen kan gewone liederen zingen, maar zonder muzikale opleiding kun je geen klassiek concert geven. Er zijn regels voor het geven van een concert. Zo ook heeft men enige training nodig om succesvol te mediteren. Mediteren is heel praktisch, maar er kunnen problemen ontstaan als men er niet voor zorgt is dat men het op een vruchtbare manier doet.

Een tonicum is goed voor het lichaam. Maar als je in plaats van de voorgeschreven dosis van een theelepel de hele fles opdrinkt, zal het je schaden. Of als je twee lepels slikt in plaats van de voorgeschreven vijf, zal het ook niet helpen. Je moet je aan de voorgeschreven dosis houden. Op dezelfde manier moet je mediteren volgens de aanwijzingen van je spirituele meester. En ook zijn bepaalde spirituele oefeningen voor sommige mensen niet geschikt. Als iemand niet de geschikte oefeningen doet, kan hij misschien niet meer slapen. Hij kan zelfs gewelddadig worden of bepaalde lichamelijke klachten krijgen. Het kan gevaarlijk zijn als men niet voorzichtig is. Zulke problemen zijn er echter niet bij het zingen van *bhajans*, reciteren of bidden. Iedereen kan deze oefeningen veilig doen. Bij meditatie is er meer voorzichtigheid nodig. Bij meditatie heeft de zoeker de hulp van een meester nodig. Een ruimtevaartuig kan van de aarde opstijgen en de zwaartekracht van de aarde overwinnen, maar het heeft vaak een tweede raket, een hulpraket, nodig om zijn koers aan te passen en zijn reis voort te zetten. Zo ook is een stimulans door de leiding van de meester essentieel voor vooruitgang op het spirituele pad.

Ieder van ons heeft de kracht om God of een duivel te zijn. We kunnen Krishna of Jarasandha[22]

---

[22] Jarasandha was een machtig, maar slecht koning die in Krishna's tijd het land Magadha regeerde. Hij onderwierp meer dan honderd koninkrijken. Hij werd herhaaldelijk

zijn. Beide eigenschappen hebben we in ons: liefde en kwaadheid. Onze aard zal bepaald worden door welke eigenschappen we verkiezen te versterken. We moeten dus goede gedachten, vrij van enige kwaadheid, cultiveren en een heldere geest zonder conflicten. Door gebed en het herhalen van een mantra kunnen we de negativiteit uit onze geest verwijderen en de onbelangrijke dingen volledig vergeten. Gewoonlijk vergeten we dingen wanneer we niet bij bewustzijn zijn, en wanneer we ons bewustzijn terugkrijgen, herinneren we ze weer. Dan komt de spanning ook terug. Maar wat er door spirituele oefeningen gebeurt is anders, want bij spirituele oefeningen vergeten we wat niet gewenst is, terwijl we volledig wakker zijn.

Door een poster op te hangen met twee woorden erop 'niets aanplakken' kunnen we honderden woorden vermijden. Het is waar dat onze mededeling zelf een poster is, maar hij dient een hoger doel. Het herhalen van een mantra is hiermee te vergelijken. Door een mantra te herhalen verminderen we het aantal gedachten. Wanneer andere gedachten vermeden worden, wordt de spanning

---

verslagen in verschillende oorlogen die hij tegen Krishna voerde. Later doodde Bhima hem op advies van Krishna in een gevecht tussen de twee.

die gewoonlijk uit gedachten voortkomt, verwijderd. De geest is in ieder geval rustig wanneer we de mantra herhalen. Er is geen kwaadheid of negativiteit. De geest wordt gezuiverd. Het egoïsme neemt af en onze geest verruimt zich. We creëren ook goede vibraties in de natuur.

Als het water dat door veel verschillende kanalen stroomt, door één kanaal geleid wordt, kunnen we het gebruiken om elektriciteit op te wekken. Door het herhalen van een mantra en door meditatie kunnen we de kracht van de geest beheersen, die anders verloren gaat in een grote hoeveelheid gedachten. Op deze manier kunnen we onze energie bewaren en opbouwen.

Een drager krijgt een betere opleiding en wordt wetenschapper. De wetenschapper gebruikt nog steeds hetzelfde hoofd dat voorheen bagage droeg. Maar is de bekwaamheid van de drager hetzelfde als die van een wetenschapper? Als een drager wetenschapper kan worden, waarom kan een gewoon iemand dan niet uitbloeien tot een spiritueel persoon? Dit is mogelijk door spirituele oefening, een houding van onbaatzuchtigheid en goede gedachten. Iemand kan veel spirituele kracht verzamelen door zich te concentreren. De kracht die je verkrijgt door het herhalen van een mantra kan gebruikt worden voor het welzijn van de wereld. Daar zit geen egoïsme in. De wereld zal van zulke mensen alleen maar goede woorden en daden ontvangen.

Alle spirituele oefeningen worden gedaan om in ons de houding te ontwikkelen dat we ons voor de wereld willen inzetten. Maar Amma is bereid de voeten te aanbidden van iedereen die niet de neiging heeft om enige spirituele oefening te doen, maar niettemin bereid is zijn leven in dienst van de wereld te stellen. De voordelen die men door gebed verkrijgt, kan men ook verkrijgen door onbaatzuchtig te dienen. In onzelfzuchtigheid is men volledig. In die toestand verdwijnt het beperkte individu.

ॐ

Vraag: Sommige mensen huilen wanneer ze bidden. Is dit geen teken van zwakte? Verliezen we onze energie niet wanneer we zo huilen?

Amma: Tranen storten onder het bidden is geen zwakte. Wanneer we om gewone dingen huilen, is het als een stuk brandhout dat nutteloos opbrandt.

Maar als we onder het bidden huilen, is het als het gebruik van dat brandhout om *payasam* te maken. Het geeft ons zoetheid. Naarmate een kaars verder opbrandt, neemt zijn helderheid toe. Als we tranen storten over materiële dingen, verlicht dat misschien de last in ons hart, maar we moeten onze tijd niet verspillen aan het huilen over wat voorbij is of wat nog moet komen. "Zal mijn kind hard genoeg studeren en voor het examen slagen?" "Kijk wat die mensen me aangedaan hebben!" "Wat zullen de buren zeggen?" Over zulke dingen zitten huilen kan als een zwakte beschouwd worden. Het leidt alleen maar tot depressie en andere psychische afwijkingen. Maar wanneer we ons hart openen en tot God bidden, geeft het ons vrede en innerlijke rust.

Wanneer we uit verlangen naar God bidden, worden positieve eigenschappen in ons versterkt. Een oprecht gebed waarin we om God huilen, stabiliseert en richt de geest; de geest wordt op één punt gericht. In plaats van energie te verliezen krijgen we door zulke concentratie energie. Hoewel God in ons is, is onze geest niet op God gericht. Huilen onder het bidden is een manier om de geest op God te richten.

Wanneer een peuter zegt dat hij honger heeft, reageert de moeder misschien niet meteen. Maar wat gebeurt er wanneer het kind begint te huilen? De moeder komt aanrennen en zal het kind oppakken en te eten geven. Zo ook is het storten van tranen onder het gebed een goede manier om controle over de geest te krijgen. Het is zeker geen zwakte.

Een zoeker op de weg van zelfonderzoek beweert: "Ik ben niet de geest, het intellect of het lichaam, noch ben ik verdienste of tekortkoming. Ik ben het zuivere Zelf." Dit proces van ontkenning wordt met de geest gedaan. Voor degenen die geen meditatie, yoga of geschriften geleerd hebben, is alles met een open hart aan God vertellen, huilen en bidden voor de realisatie van de Waarheid een gemakkelijke manier om de geest onder controle te brengen. Dit is ook een vorm van ontkenning, omdat we in plaats van te zeggen "Ik ben niet dit, ik ben niet dat" tegen God zeggen: "U bent alles."

Sommige mensen lezen graag stil. Anderen moeten hardop lezen om de woorden te begrijpen. Er zijn mensen die ervan genieten luid te zingen, terwijl anderen graag zachtjes neuriën. Iedereen kiest wat bij hem past. Het zou verkeerd zijn een van die keuzen als zwakheid te bestempelen. Het is een kwestie van persoonlijke keuze. Dat is alles.

God is in je, maar je geest is hierop niet afgestemd. Stel dat er een pot voor je staat. Zelfs als je je ogen open hebt, maar je met je gedachten ergens anders bent, zul je de pot niet zien. Je kunt iemand niet horen spreken, als je er niet bij bent met je gedachten. Op dezelfde manier kennen we God niet, hoewel Hij in ons is, omdat onze geest niet naar binnen is gericht. We kijken niet naar binnen. Gewoonlijk is de geest aan veel dingen gebonden. We moeten de geest terugbrengen en hem op God richten. Op deze manier kunnen we Gods eigenschappen in ons ontwikkelen, eigenschappen zoals liefde, mededogen en een gelijkmoedige visie. We moeten die eigenschappen in ons en om ons heen ontwikkelen, zodat anderen er ook voordeel van hebben. Gebed heeft hetzelfde effect.

Een van Amma's kinderen zei tegen Amma: "Ik houd niet van bidden. Wat heeft het voor zin te bidden?" Amma zei: "Laat Amma je iets vragen. Stel dat je verliefd bent. Heb je er dan een afkeer van met je geliefde te praten? Geniet je daar niet van? Voor de toegewijde is dit wat bidden is. Voor de toegewijde is God alles. En als iemand het praten met je geliefde zou afkeuren, hoe zou je dan reageren? Kan het je iets schelen wat die persoon denkt? Jou bewering over gebed is als de kritiek van die persoon. De liefde die we voor God voelen, is geen gewone liefde. Het is iets uiterst heilig."

Liefde en devotie voor God kunnen niet met een gewone liefdesrelatie vergeleken worden. Een man hunkert naar de liefde van een vrouw en een vrouw hunkert naar liefde van een man. In die liefde zijn ze blij met elkaar. Maar ze ervaren geen volledigheid of perfectie, omdat ze beiden bedelaars zijn. Het gebed van de toegewijde tot God is anders. De toegewijde bidt om genade om Gods eigenschappen in zich te ontwikkelen en de ruimheid van hart te ontwikkelen om iedereen als God te zien en te beminnen. Hiervoor deelt de toegewijde de gevoelens van zijn hart met God. Hij ontwikkelt niet alleen goddelijke kwaliteiten in zich, maar verandert zijn leven in iets wat anderen ten goede komt. Gewone mensen delen hun gevoelens met vele anderen. Ze smachten ernaar door anderen bemind te worden. Maar de toegewijde deelt zijn hart alleen met de God in zich en bidt: "Laat mij zoals U zijn. Geef me de kracht om van alle wezens te houden en de kracht te vergeven."

Bhajans zijn het toppunt van vreugde voor het hart van de toegewijde. Het is de vorm van vermaak van de toegewijde. Wereldse mensen vinden hun genoegen in uiterlijke dingen, maar innerlijke vreugde is iets anders. En het is onschadelijk. Als je het eenmaal ervaren hebt, zul je niet meer op zoek gaan naar uiterlijk vermaak. Als je thuis heerlijk eten krijgt, ga je er dan ergens anders naar zoeken? In gebed kijken we naar binnen om een plaats om te rusten te vinden. Dit is niet als een kaars die met hulp van buitenaf aangestoken moet worden. Het is een licht dat spontaan schijnt. Het is een weg waarop we het licht dat in onszelf schijnt ontdekken.

In de materiële wereld zoeken de mensen voldoening door verlangens, maar het is gebed dat tot innerlijke vrede leidt. Je kunt in de materiële wereld ook wat vrede ervaren, maar die is nooit blijvend. Als je geliefden je negeren, ben je bedroefd. Als de een niet wil praten, voelt de ander zich verdrietig. Mensen gaan op zoek naar geluk en wanneer ze het niet vinden, volgt er meer verdriet. Wanneer we ons verdriet met anderen willen delen, antwoorden ze door over hun eigen verdriet te praten. We gaan naar hen toe op zoek naar troost, maar komen terug onder de last van twee keer zoveel verdriet. Zoals de spin die een web spint en er dan in sterft, raken mensen met deze gehechtheden er uiteindelijk in verstrikt. Het is als een kleine slang die probeert een grote kikker te verslinden. Om uit deze situatie bevrijd te worden moet je de houding van een getuige ontwikkelen. Dit is ook het doel van gebed.

Er waren twee vrouwen die buren waren. De man van een van hen stierf. In haar verdriet jammerde de weduwe luid. De andere vrouw ging naar haar toe om haar te troosten en zei: "Wie is er vrij van de dood? Als het niet vandaag gebeurt, dan gebeurt het morgen. De elektrische stroom blijft bestaan, ook als de lamp kapotgaat. Op dezelfde manier kan het Zelf niet vernietigd worden, ook al gaat het lichaam ten onder." Met dit soort woorden troostte ze de huilende vrouw. Na een tijdje stierf de zoon van de tweede vrouw. Ze begon onbeheerst te huilen. De weduwe kwam naar haar toe en zei tegen haar treurende vriendin: "Ben jij niet degene die me kwam troosten toen mijn man stierf? Herinner je je wat je toen tegen me zei?" Maar wat de weduwe ook zei, ze kon haar diepbedroefde vriendin niet op laten houden met huilen. De vrouw die haar zoon verloren had, was volledig geïdentificeerd met haar eigen verdriet.

Maar toen haar buurvrouw haar man verloren had, kon ze afstand nemen en naar de situatie van haar vriendin kijken als een getuige. En ze kon haar troosten, ze had haar kracht gegeven.

Steeds wanneer we ons met een situatie identificeren, neemt ons lijden toe, maar wanneer we een situatie zien van het standpunt van een getuige, neemt onze innerlijke kracht toe. We lezen in de krant over een vliegtuigongeluk. Als onze kinderen of familieleden in het vliegtuig zaten, kunnen we van verdriet de volgende regel niet meer lezen. Als het uitgesloten is dat er familieleden in dat vliegtuig zaten, lezen onze ogen nonchalant verder en gaan dan over naar het volgende artikel.

In wereldse relaties kunnen we lijden ervaren. Als de liefde van de een vermindert, kan de ander kwaad worden. De reden is dat de relatie gebaseerd is op hoop en wensen, op verlangens en verwachtingen. Maar als we om God huilen, is het helemaal anders, omdat we niets terugverwachten voor onze liefde. En toch wordt ons in die liefde zonder verwachtingen alles gegeven. In echt gebed zeggen we: "God, geef ons uw eigenschappen en de kracht om onbaatzuchtig te dienen."

Schoolkinderen wordt vaak gevraagd een feit of passage steeds opnieuw te schrijven, zodat ze het zich herinneren. Als ze een les die ze vergeten hebben, tien maal opschrijven, zullen ze die niet meer vergeten. Die wordt stevig in hun geheugen ingeprent. Evenzo maken wij ons de goddelijke eigenschappen eigen, als we over die eigenschappen herhaaldelijk in ons gebed nadenken. We prenten ze in ons bewustzijn in. De toegewijde die deze eigenschappen in zich tot leven brengt, is hierdoor niet gebonden maar stijgt op naar een toestand voorbij alle eigenschappen. Degene die voorbij alle eigenschappen is, is door niets gebonden. Zo iemand blijft een getuige. Door de goddelijke eigenschappen in ons te versterken, vergeten we onszelf en zijn in staat anderen lief te hebben en te dienen. Dan bestaat het beperkte individu niet meer. Dit is een toestand voorbij alle eigenschappen.

ॐ

Vraag: Sommige mensen beschrijven de *Shiva-linga*[23] als obsceen. Bestaat hiervoor enige grond?

---

[23] Een langwerpige, ovale steen, het principe van creativiteit, vaak aanbeden als symbool van Shiva.

Amma: Mijn kinderen, de mensen praten zo, alleen omdat ze het principe achter de *shivalinga* niet begrijpen. Iedereen ziet goed of slecht in alles afhankelijk van zijn eigen innerlijke neigingen.

Iedere religie en organisatie heeft zijn eigen symbolen of emblemen. De stof die gebruikt wordt om de vlag van een land of politieke partij te maken, kost misschien niet meer dan tien roepies. Maar denk eens aan de waarde die aan die vlag gehecht wordt! In die vlag zien de mensen hun land of hun partij. Voor de partijgangers symboliseert de vlag de idealen van hun partij. Als iemand op die doek zou spugen of hem aan flarden zou scheuren met de woorden dat hij slechts tien roepies waard is, zou er een serieus conflict zijn. Als je een vlag ziet, denk je niet aan de katoen waarvan hij gemaakt is. Je denkt niet aan de poep die als mest gebruikt is om de katoen te laten groeien en hoe het gestonken moet hebben. In die vlag zie je alleen de idealen van het land of de politieke partij die hij vertegenwoordigt.

Voor Amma's christelijke kinderen is het kruis een symbool van opoffering. Wanneer we voor een kruis bidden, denken we er niet aan dat het een instrument was om misdadigers te kruisigen. We zien het als het symbool van Christus' opoffering en mededogen. Als Amma's islamitische kinderen naar Mekka buigen, denken ze aan goddelijke eigenschappen.

We kunnen niet begrijpen waarom sommige mensen de goddelijke symbolen en beelden van het hindoegeloof belachelijk maken en beledigen. De *shivalinga* is niet het symbool van één bepaalde religie. Hij staat voor een wetenschappelijk principe.

In de wetenschap en wiskunde worden veel symbolen gebruikt, bijvoorbeeld de tekens voor vermenigvuldiging en deling. Gebruiken mensen van alle religies en uit alle landen die symbolen niet? Niemand vraagt tot welke religie de uitvinder van die symbolen behoorde. Niemand wijst de symbolen op grond daarvan af. Iedereen die wiskunde wil leren, accepteert die symbolen. Zo ook kan iemand die de principes achter de *shivalinga* echt begrijpt, die niet afwijzen.

Mijn kinderen, de betekenis van het woord *linga* is 'de plaats van ontbinding'. Het universum komt uit de *linga* te voorschijn en lost er uiteindelijk weer in op. De *rishi's* uit de oudheid zochten naar de oorsprong van het universum en door de ascese die ze verrichten, ontdekten ze dat *Brahman*, de absolute werkelijkheid, de bron en ondersteuning van alles is. *Brahman* kan niet in woorden beschreven worden. Men kan er niet naar wijzen. Het begin en het einde van alles ligt Daarin. *Brahman*, het verblijf van alle kenmerken en eigenschappen, heeft geen kenmerken en eigenschappen en heeft geen vorm. Hoe kan dat wat geen kenmerken heeft, beschreven worden? Alleen dat wat kenmerken heeft, kan door de geest en de zintuigen begrepen worden. In deze moeilijke context vonden de heiligen een symbool om het beginstadium tussen *Brahman* en de schepping te vertegenwoordigen: de *shivalinga*. Het symboliseert de schepping van het universum uit *Brahman*. De *shivalinga* is het symbool dat de rishi's gebruikten om de waarheid die ze ervoeren te onthullen op een manier die gewone mensen konden begrijpen. We moeten begrijpen dat de kenmerkloze Hoogste Waarheid voorbij naam, vorm en individualiteit is, maar dat de mensen op een toegankelijke manier op de Hoogste Waarheid moeten kunnen mediteren en die aanbidden. De *rishi's* accepteerden de *shivalinga* als een wetenschappelijk symbool om op deze manier te gebruiken.

Wetenschappers die bepaalde straling bestuderen die niet met het oog gezien kan worden, gebruiken symbolen om die aan anderen te beschrijven. Als we over gammastraling horen, weten we dat het een bepaald soort straling is. Op dezelfde manier begrijpen we dat de *shivalinga* de kenmerkloze *Brahman* is, die voorgesteld wordt in zijn aspect met kenmerken.

Het woord *shiva* betekent voorspoedig. Voorspoed heeft geen vorm. Door de *shivalinga*, die een symbool van voorspoed is, te aanbidden ontvangt de aanbidder dat wat voorspoedig is. Voorspoed maakt geen bijvoorbeeld onderscheid naar kaste. Iedereen die de *linga* aanbidt met het bewustzijn van het principe erachter, heeft daar voordeel bij.

Mijn kinderen, bij het begin van de schepping scheidde het Hoogste Principe zich in *prakriti*[24] en *purusha*[25]. Met het woord *prakriti* bedoelden de *rishi's* het universum dat we kunnen kennen en ervaren. Hoewel *purusha* gewoonlijk mannelijk betekent, betekent het hier iets anders. *Purusha* is Zelfbewustzijn. *Prakriti* en *purusha* zijn niet twee, zij zijn één. Zoals vuur en zijn vermogen om te branden, kunnen ze niet gescheiden worden.

[24] Het universum dat we kunnen kennen en ervaren; de natuur.
[25] Het bewustzijn dat zich in het lichaam bevindt. Het zuivere, onbezoedelde Universele Bewustzijn/Bestaan

Wanneer het woord '*purusha*' genoemd wordt,
denken degenen die spiritualiteit niet bestudeerd
hebben aan 'mannelijk'. Daarom werd aan het
Hoogste Zelf, dat Zuiver Bewustzijn is, de mannelijke vorm toegekend en kreeg het de naam
Shiva. En *prakriti* werd als vrouwelijk beschouwd
en kreeg de naam Shakti en Devi.

Iedere beweging heeft een onderliggende,
onbeweeglijke basis, zoals de stamper functioneert
op de onbeweeglijke basis van een vijzel. Shiva is
het onbeweeglijke principe dat ten grondslag ligt
aan iedere beweging in het universum, terwijl
Shakti de kracht is die de oorzaak van alle beweging is. De *shivalinga* is het symbool van de eenheid van Shiva en Shakti. Als we met concentratie
op dit symbool mediteren, zal de Uiteindelijke
Waarheid in ons wakker worden.

We moeten ook bekijken waarom de *shivalinga*
zijn vorm kreeg. Nu zeggen de wetenschappers dat
het universum de vorm van een ei heeft. In India
werd het universum duizenden jaren lang '*brahmandam*' genoemd, wat 'het grote ei' betekent.
Brahman betekent de allergrootste. De *shivalinga*
is een microkosmos van dat enorme kosmische ei.
Wanneer we de *shivalinga* aanbidden, aanbidden
we in feite het hele universum als de Voorspoedige

Vorm en het Goddelijke Bewustzijn. Dit is niet de aanbidding van een God die ergens hoog in de hemel zit. Dit leert ons dat iedere belangeloze dienst die we het universum inclusief alle levende wezens bewijzen, de aanbidding van Shiva is.

Op het ogenblik is onze situatie die van een jong vogeltje dat in de eierschaal van het ego zit. Het vogeltje kan alleen maar dromen over de vrijheid in de lucht, maar kan die niet ervaren. Om die vrijheid te ervaren moet het ei uitgebroed worden in de warmte onder het lichaam van de moedervogel, zodat het vogeltje naar buiten kan komen. Zo moet voor ons het omhulsel van het ego ook breken om van de gelukzaligheid van het Zelf te genieten. De eivormige *shivalinga* maakt het bewustzijn van deze waarheid in de aanbidder wakker. We zingen: "*Akasha linga pahi mam, Atma linga pahi mam*" enz. Dit betekent letterlijk: "Ruimtelinga, bescherm me, Zelflinga, bescherm me." De echte betekenis hiervan is: "Moge God, die alles doordringend is als de ruimte, mij beschermen. Moge het Hoogste Zelf, dat mijn eigen echte natuur is, mij beschermen."

De betekenis van *linga* is dus niet penis, want zelfs een dwaas zou niet tot een mannelijk geslachtsorgaan om bescherming bidden.

Mijn kinderen, wie heeft er nu iets aan het toeschrijven van een niet bestaande betekenis aan en het belachelijk maken van een goddelijk symbool dat ontelbare mensen door de eeuwen heen voor de verheffing van hun ziel gebruikt hebben? Het veroorzaakt alleen kwaadheid en conflicten.

De *purana's*[26] zeggen dat Heer Shiva Kama, de god van de lust, verbrandde in het vuur van zijn derde oog. Vandaag de dag beschouwen we materiële dingen als echt, onvergankelijk en als ons eigendom. We richten ons alleen op zulke dingen. Alleen wanneer het derde oog van Kennis geopend wordt, realiseren we ons dat dit alles vergankelijk is en dat alleen het Zelf eeuwig is. Dan kunnen we de hoogste gelukzaligheid genieten. In die toestand is er geen verschil tussen mannelijk en vrouwelijk, tussen van mij en van jou. Dit wordt bedoeld als we zeggen dat Kama vernietigd werd. De *shivalinga* helpt ons dit principe te begrijpen en bevrijdt onze geest van lust. Daarom werd de *shivalinga* zowel door mannen als vrouwen aanbeden, door oud en jong, door de brahmaan en de paria.

---

[26] Goddelijke heldendichten die het leven van de goden beschrijven.

Alleen een geest die misleid is door lust, kan de *shivalinga* als een symbool van lust zien. We moeten aan zulke mensen het echte principe achter het symbool uitleggen en hen zo verheffen.

De *shivalinga* illustreert dat Shiva en Shakti niet twee zijn, maar een en hetzelfde. Dit is in het gezinsleven ook van belang. Man en vrouw moeten één van geest zijn. Als de man de steun van het gezin is, is de vrouw de shakti, de kracht van het gezin. Er is waarschijnlijk geen ander symbool van de gelijkheid en liefde tussen een man en een vrouw. Daarom wordt er zoveel belang gehecht aan de *shivalinga* in de Brahmasthanamtempels die Amma heeft opgericht.

ॐ

Vraag: Men zegt dat Shiva op begraafplaatsen verblijft. Wat is de betekenis hiervan?

Amma: Verlangen is de oorzaak van het menselijk lijden. De reden dat onze geest achter ieder verlangen aan loopt is de waarneming: "Ik ben niet volledig." Je zult nooit volmaakte vrede ervaren als je je alleen richt op het verkrijgen van materiële zaken. Op het crematieterrein worden alle materiële verlangens en het lichaam dat het instrument is om die verlangens te vervullen, tot as gereduceerd. En daar waar verlangens afwezig zijn en geen lichaamsbewustzijn is, danst Heer Shiva in gelukzaligheid. Daarom wordt hij de bewoner van crematieterreinen genoemd. De betekenis hiervan is niet dat we pas na de dood gelukzaligheid kunnen ervaren. Alles is in ons. Wij en het universum zijn één. Beide zijn even volledig. Wanneer de gehechtheid aan het lichaam sterft in het vuur van Zelfbewustzijn, zijn we vanzelf vol gelukzaligheid.

Shiva's lichaam is versierd met de as van crematievuren. Dit is het symbool van het overwinnen van alle verlangens. Wanneer je as[27] op je voorhoofd doet, is dat ook goed voor je gezondheid. Bovendien word je je bewust van de vergankelijke aard van het lichaam. Dit inspireert ons eraan te denken dat dit lichaam spoedig ten onder zal gaan en dat we zo snel mogelijk goede daden moeten doen, voordat het lichaam sterft.

Shiva wordt 'de onthechte' (*vairagi*) genoemd. Onthechting (*vairagya*) betekent afwezigheid van

---

[27] Heilige as (*bhasma, vibhuti*) wordt traditioneel van gedroogde koeienmest gemaakt, die tot as verbrand wordt.

gehechtheid. Kinderen hechten veel belang aan hun speelgoed, terwijl voor volwassenen dat zelfde speelgoed niets betekent. Onthechting betekent geen overmatig belang hechten aan naam of positie, lichamelijk gemak, gezin of vrienden. Als we geen echte onthechting ontwikkelen, zal ons geluk afhangen van het oordeel van anderen over ons. Ons leven zal een speelbal in de handen van anderen worden. Onthechting geeft ons echte vrijheid. Als we onthechting hebben, kan niets ter wereld de gelukzaligheid die ons aangeboren is, verbergen. Shiva die vol as zit en op begraafplaatsen verblijft, leert ons dit principe. Daarom wordt Heer Shiva als de eerste onder de Guru's beschouwd.

ॐ

Woordenlijst

Advaita – non-dualisme; de filosofie die leert dat de Schepper en de schepping één en onscheidbaar zijn.

Archana – 'offer ter aanbidding'; een vorm van aanbidding waarbij de namen van een godheid worden gereciteerd, gewoonlijk 108, 300 of 1000 per keer.

Ashram – 'plaats van inspanning'; een plaats waar spirituele aspiranten wonen of die zij bezoeken om een spiritueel leven te leiden en spirituele oefeningen te doen. Het is gewoonlijk het verblijf van een spiritueel meester, heilige of asceet die de zoekers begeleidt.

Asura – een duivel; iemand met duivelse eigenschappen.

Atman – het transcendente Zelf of Bewustzijn, dat eeuwig is; onze essentiële aard. Een fundamentele leerstelling van Sanatana Dharma is dat we het eeuwige, zuivere, onbezoedelde Zelf zijn.

Avadhuta – een gerealiseerd iemand die de sociale conventies niet volgt. Volgens gebruikelijke normen worden *avadhuta's* als uiterst excentriek beschouwd.

Bhagavad Gita – 'Lied van de Heer'; het onderricht

dat Krishna aan Arjuna op het slagveld bij Kurukshetra gaf bij het begin van de Mahabharata-oorlog. Het is een praktische gids voor het leven van iedereen en bevat de essentie van de vedische wijsheid.

Bhagavan – de Heer, God, begiftigd met de zes goddelijke eigenschappen of *bhaga's*, namelijk de acht *siddhi's*, kracht, glorie, goed geluk, kennis en onthechting.

Bhagavatam – een van de achttien purana's, die speciaal over de incarnaties van Vishnu gaat en in detail het leven van Krishna beschrijft. Hij benadrukt de weg van devotie. Ook bekend als Srimad Bhagavatam.

Bhajan – devotioneel lied

Bhakti – liefde en devotie

Bhakti yoga – 'Eenheid door devotie'; de spirituele weg naar Zelfrealisatie door liefde, devotie en volledige overgave aan God.

Brahmaan – in het Indiase kastesysteem waren de brahmanen de priesters en leraren.

Brahma, Vishnu en Maheshvara of Shiva – de drie aspecten van God verbonden met schepping, instandhouding en ontbinding.

Brahman – de Absolute Realiteit, het Geheel, het Opperwezen, dat wat alles omvat en doordringt, wat één en onscheidbaar is.

Brahmandam – 'het grote ei', het universum

Brahmasthanamtempel – 'het verblijf van Brahman'. Deze unieke tempels werden geboren uit Amma's goddelijke intuïtie en zijn de eerste die meerdere godheden op één steen tonen. De steen heeft vier kanten en laat Ganesha, Shiva, Devi en Rahu zien. Dit benadrukt de inherente eenheid die aan de vele aspecten van God ten grondslag ligt.

Brahma sutra – aforismen van de heilige Badarayana (Veda Vyasa) die de vedantische filosofie uiteenzet.

Darshan – een audiëntie bij of een visioen van God of een heilige.

Deva – 'de stralende'; een god of hemels wezen dat op het astrale niveau in een subtiel, niet fysiek lichaam bestaat.

Devi – 'de stralende'; de Godin, de Goddelijke Moeder.

Dharma – van de wortel *dhri*, ondersteunen, hooghouden, vasthouden. Vaak eenvoudig vertaald met juistheid, rechtvaardigheid. *Dharma* heeft veel nauw met elkaar verbonden betekenissen: dat wat het universum ondersteunt, de wetten van de Waarheid, de wetten van het universum, de natuurwetten, in overeenstemming met de goddelijke harmonie, juistheid, religie, plicht, verantwoordelijkheid, juist gedrag, rechtvaardigheid, goedheid en waarheid. *Dharma* betekent de innerlijke principes van religie. Het betekent de ware aard en het juist functioneren en handelen van een levend wezen of voorwerp. Het is bijvoorbeeld het *dharma* van een vuur om te branden. Het *dharma* van mensen is in harmonie met de spirituele principes te leven en hoger bewustzijn te ontwikkelen.

Durga – een naam van de Goddelijke Moeder. Ze wordt vaak afgebeeld als zwaaiend met een aantal wapens en rijdend op een leeuw. Ze is de vernietiger van kwaad en de beschermer van het goede. Ze vernietigt de verlangens en negatieve neigingen (*vasana's*) van Haar kinderen en onthult aan hen het Hoogste Zelf.

Ganesha – de zoon van Shiva en Parvati; verwijdert hindernissen en schenkt succes. Hij wordt bij het begin van iedere aanbidding vereerd en voor het begin van een nieuwe onderneming. Ganesha heeft het hoofd van een olifant en zijn rijdier is een muis. Dit symboliseert dat God in alle schepselen bestaat, van de grootste tot de kleinste; het symboliseert ook het overwinnen van alle verlangens. De zichtbare details van Ganesha hebben een

diepe filosofische betekenis, die bedoeld is om de
spirituele aspirant te leiden.

Guru – 'iemand die de duisternis van onwetendheid verwijdert'. Spiritueel meester of gids.

Gurukula – een ashram met een in leven zijnde
guru, waar leerlingen wonen en met hem studeren.
In de oude tijden waren de *gurukula's* internaten
waar jongeren allesomvattend onderwijs gebaseerd
op de veda's kregen.

Hatha Yoga – een stelsel van lichamelijke en mentale oefeningen die in de oude tijden ontwikkeld
zijn met het doel om het lichaam en zijn vitale
functies een perfect instrument te maken om
Zelfrealisatie te bereiken.

Homa – heilige vuurceremonie

Jivanmukta – Zelfrealisatie of verlichting die men
bereikt terwijl men nog in leven is.

Jnana – Kennis; hoogste Kennis is een directe
ervaring, voorbij iedere waarneming van de
beperkte geest, het intellect of de zintuigen. Het
wordt bereikt door spirituele oefening en de genade van God of de spirituele meester.

Jnana yoga – 'Eenheid door kennis'; het spirituele
pad van de hoogste Kennis, dat inzicht en begrip
van de ware aard van het Zelf en van de wereld
inhoudt. Het impliceert een diepgaande, oprechte

studie van de geschriften, onthechting (*vairagya*), onderscheidingsvermogen (*viveka*), meditatie en de intellectuele methode van zelfonderzoek: "Wie/ wat ben ik" en "Ik ben Brahman" die gebruikt worden om door de illusie van *maya* heen te breken en Zelfrealisatie te bereiken.

Kali – 'de Donkere'; (Donker verwijst in deze context naar Haar onbegrensdheid en het feit dat Ze onkenbaar en onbegrijpelijk is voor het zeer beperkte bereik van de geest en het intellect.) een vorm van de Goddelijke Moeder. Van het standpunt van het ego lijkt Ze misschien angstaanjagend, omdat Ze het ego vernietigt. Maar Ze vernietigt het ego en transformeert ons alleen uit Haar onmetelijke mededogen. Kali heeft vele vormen. In Haar welwillende vorm is Ze bekend als Bhadra Kali. Een toegewijde weet dat achter Haar woeste uiterlijk, een liefhebbende moeder schuilgaat, die Haar kinderen beschermt en de genade van verlichting schenkt.

Kalidas – India's grootste Sanskriet dichter en toneelschrijver. Ongeveer 400 n. Chr.

Kama – lust

Karma – handeling, daad

Karma Yoga – 'Eenheid door activiteit'; de spirituele weg van onthecht, onbaatzuchtig dienen en van het overgeven van het resultaat van alle handelingen aan God.

Krishna – 'Hij die ons naar zich toe trekt', 'de Donkere'. (Donker verwijst in deze context naar Zijn onbegrensdheid en het feit dat hij onkenbaar en onbegrijpelijk is voor het zeer beperkte bereik van de geest en het intellect.) Hij werd in een koninklijk gezin geboren, maar groeide bij pleegouders op en leefde als jonge koeienherder in Vrindavan, waar hij werd bemind en aanbeden door de *gopi's* (melkmeisjes en koeienherderinnen) en *gopa's* (koeienherders). Krishna werd later de heerser over Dvaraka. Hij was een vriend en adviseur van zijn neven, de Pandava's, vooral van Arjuna, aan wie hij Zijn onderricht gaf. – zie Bhagavad Gita.

Kriya Yoga – een onderdeel van de traditionele tantrische oefeningen, vooral ademhalingsoefeningen.

Kundalini – de 'slangenkracht.' De spirituele energie die als een opgerolde slang onder aan de rug rust. Door spirituele oefening stijgt die op door het *sushumna*-kanaal, een subtiele zenuw in de rug, en gaat omhoog door de *chakra's* (energiecentra). Wanneer de *kundalini* omhooggaat van de ene *chakra* naar de andere, begint de spirituele aspirant fijnere, subtielere niveaus van bewustzijn te ervaren. Uiteindelijk bereikt de *kundalini* de hoogste *chakra*, de *sahasrara*, boven op het hoofd. Dit proces van het ontwaken van de *kundalini* leidt tot Zelfrealisatie.

Laya yoga – 'eenheid door oplossing of absorptie'. Gebaseerd op de ontwikkeling van de *chakra's* en het wakker maken van de *kundalini*-energie. Een yogamethode waardoor de lagere aard van de aspirant oplost en men ontwaakt in gelukzaligheid en transcendent bewustzijn.

Linga – 'symbool', 'definiërend teken'. Een *shiva-linga* is over het algemeen een langwerpige, ovale steen; het principe van creativiteit; wordt vaak als een symbool van Heer Shiva aanbeden.

Mahabharata – een van de twee grote Indiase historische epen; het andere is de Ramayana. Het is een grote verhandeling over *dharma* en spiritualiteit. Het verhaal gaat hoofdzakelijk over het conflict tussen de Pandava's en Kaurava's en de grote oorlog bij Kurukshctra. Het bevat 100.000 verzen is daarmee het langste epische gedicht ter wereld. Het werd ongeveer in 3200 v. Chr. door de heilige Vyasa geschreven.

Mahatma – 'Grote ziel'. Wanneer Amma het woord *mahatma* gebruikt, verwijst ze naar een gerealiseerd iemand.

Mantra – heilige formule of gebed, dat voortdurend herhaald wordt. Dit maakt de slapende spirituele kracht wakker en helpt je het uiteindelijke doel te bereiken. Een mantra is het effectiefst als je hem tijdens een initiatie van een spirituele meester ontvangt. Een mantra is volledig verbonden met de realiteit die hij vertegenwoordigt, omdat hij die realiteit in zaadvorm is. Het mantrazaadje in de aspirant wordt gevoed door het voortdurend met concentratie te herhalen, totdat het uiteindelijk ontkiemt in de ervaring van de Hoogste Realiteit.

Matham – religie

Maya – illusie; de goddelijke kracht of sluier waarmee God zich in het goddelijk spel van de schepping verbergt. Hierdoor geeft Hij de indruk van veelheid en creëert daardoor de illusie van gescheidenheid. Omdat maya de Realiteit verbergt, misleidt ze ons en doet ons geloven dat volmaaktheid buiten ons gevonden kan worden.

Moksha – uiteindelijke spirituele bevrijding

Mudra – lichamelijk gebaar of houding, die gewoonlijk met de handen wordt uitgedrukt en een diepe spirituele betekenis heeft.

Muruga – 'de Schone', ook bekend als Subramanya. Muruga is een god die door Shiva geschapen is om zielen te helpen bij hun evolutie, vooral bij de beoefening van yoga. Hij is de broer van Ganesha.

Nadi Shastri – nadi is 'kanaal'. Een bepaalde tak van voorspellende astrologie, bijvoorbeeld *Agastya Nadi*

Nadopasana – devotie en aanbidding door muziek.

Narasimha – de mensleeuw, gedeeltelijke incarnatie van Heer Vishnu.

Narayana – *Nara* is kennis, water. 'Hij die in de Hoogste Kennis gevestigd is'. 'Hij die in de oerwateren verblijft', een naam van Vishnu.

Natya Shastra – de wetenschap van dans, muziek en toneel

Parvati – 'bergdochter'; Shiva's heilige echtgenote, een naam van de Goddelijke Moeder.

Payasam – zoete rijstpudding

Prakriti – oernatuur; het materiële principe van de wereld dat in samenwerking met Purusha het universum creëert; de basismaterie waaruit het universum bestaat.

Prasad – geheiligde offergave of gift van een heilige of tempel, vaak in de vorm van voedsel.

Puja – aanbidding, heilig ritueel, ceremoniële verering.

Purana – de purana's zijn epische verhalen die het leven van de goden beschrijven en die de vier doeleinden (*purushartha's*) van het menselijk leven naar voren brengen. De vier *purushartha's* zijn *dharma* (juist leven), *artha* (rijkdom), *kama* (verlangen) en *moksha* (bevrijding).

Purusha – het bewustzijn dat in het lichaam vertoeft; het zuivere, onbezoedelde Universele Bewustzijn/ Bestaan.

Raja yoga – het pad van meditatie

Rama – 'schenker van vreugde'; de goddelijke held in het epos de Ramayana. Hij was een incarnatie van Heer Vishnu en wordt als het ideaal van *dharma* en deugd beschouwd.

Ramayana – 'het leven van Rama'. Een van de twee grote Indiase epen, het andere is de Mahabharata. Het beschrijft het leven van Rama en is geschreven door Valmiki. Rama was een incarnatie van Vishnu. Een belangrijk deel van het boek beschrijft hoe Sita, de vrouw van Rama, door Ravana, de demonenkoning, naar Sri Lanka werd ontvoerd en hoe zij door Rama en zijn volgelingen, onder wie zijn grote toegewijde Hanuman, gered werd.

Rishi – *rsi* = weten; gerealiseerde ziener; het verwijst gewoonlijk naar de zeven *rishi's* van het oude India, gerealiseerde zielen die de Hoogste Waarheid konden schouwen.

Samskara – *Samskara* heeft twee betekenissen: het geheel van indrukken dat in de geest is ingeprent door ervaringen uit dit of vorige levens en dat het leven van een mens, zijn aard, handelingen, geestesgesteldheid, enz. beïnvloedt. Ten tweede: het opkomen van het juiste begrip of kennis in iemand, wat tot de verfijning van zijn karakter leidt.

Sanatana Dharma – de eeuwige religie, het eeuwige principe. De traditionele naam voor het hindoeïsme.

Saraswati – de Godin van de Kennis

Satya – Waarheid

Satya yuga – het tijdperk van de Waarheid (*satya*); wordt ook *Krita yuga* genoemd. Er is een cyclus van vier tijdperken in de schepping. *Satya yuga* is het tijdperk waarin goedheid en waarheid overal heersen en iedere manifestatie of activiteit dicht bij het zuiverste ideaal is. Soms wordt het het Gouden Tijdperk genoemd.

Shakti – kracht; een naam van de Universele Moeder, het dynamische aspect van Brahman.

Shankaracharya – (788-820 A.D.) een groot filosoof die de hindoereligie vernieuwde en nieuw leven inblies. Grondlegger van de advaitaschool, die verklaarde dat alleen Brahman echt is, al het andere is onecht.

Shastra – wetenschap of gespecialiseerde kennis

Shiva – de gunstige, de genadige, de goede; een vorm van het Opperwezen, het mannelijke principe, Bewustzijn. Ook dat aspect van de drie-eenheid dat zorgdraagt voor de ontbinding van het universum, de vernietiging van dat wat uiteindelijk niet echt is.

Shivalinga – een linga die Shiva symboliseert.

Shraddha – geloof. Amma gebruikt het met een speciale nadruk op alertheid gekoppeld aan liefdevolle zorg voor het werk waarmee men bezig is.

Svara yoga – de weg waarbij men van ademhalingsoefeningen gebruikt maakt om Zelfrealisatie te bereiken.

Tantra – een traditioneel systeem van spirituele oefeningen die de beoefenaar temidden van wereldse activiteiten in staat stelt zich te realiseren dat de vreugde die we in voorwerpen ervaren, eigenlijk van binnenuit komt.

Tapas – 'hitte', zelfdiscipline, ascese, boete en zelfopoffering; spirituele oefeningen die de onzuiverheden van de geest verbranden.

De drie werelden – hemel, aarde en de onderwereld; de drie bewustzijnstoestanden.

Upadhi – beperkend middel, bijvoorbeeld naam,

vorm, attributen, instrument, gereedschap.

Upanishaden – 'aan de voeten van de Meester zitten'; 'dat wat onwetendheid vernietigt;' de Upanishaden zijn het vierde en afsluitende deel van de Veda's. Zij zetten de Vedanta-filosofie uiteen.

Vairagi – 'de onthechte'; verwijst naar Shiva.

Vairagya – onthechting

Valmiki – een rover die een groot heilige werd toen hij zich realiseerde hoe verkeerd zijn waarden en veronderstellingen waren en nadat hij rigoureuze spirituele oefeningen onder de leiding van de *rishi's* beoefend had. Hij is een groot voorbeeld hoe het mogelijk is het verleden volledig los te laten, hoe negatief je handelingen ook geweest mogen zijn.

Vastu – 'natuur, 'milieu'; de oude vedische architectuurwetenschap die complexe principes en technieken kende voor de constructie van gebouwen in harmonieus evenwicht met de natuur en het universum.

Vedanta – 'eind van de Veda's'; de filosofie van de Upanishaden, het afsluitende deel van de Veda's, die de Uiteindelijke Waarheid als 'Eén zonder tweede' ziet.

Veda's – 'kennis, wijsheid'. De oude heilige geschriften van het hindoeïsme. Een verzameling heilige teksten in het Sanskriet die in vier delen verdeeld zijn: Rig, Yajur, Sama en Atharva. De Veda's die tot de oudste geschriften ter wereld behoren bestaan uit 100.000 verzen plus aanvullend proza. Ze zijn door de *rishi's*, die gerealiseerde zieners waren, in de wereld gebracht. De Veda's worden als de directe openbaring van de Hoogste Waarheid beschouwd.

Vishnu – 'de alomtegenwoordige'; een naam van God; Hij wordt gewoonlijk aanbeden in de vorm van twee incarnaties, Rama en Krishna.

Viveka – onderscheidingsvermogen; het vermogen onderscheid te maken tussen het Echte en onechte, tussen het eeuwige en het tijdelijke, *dharma* en *adharma* (slechtheid), enz.

Yaga yajna's – uitgebreide, vedische offerriten.

Yajna – offer

Yoga – verenigen; eenheid met het Opperwezen; een brede term die verwijst naar de verschillende praktische methoden waarmee men zijn eenheid met God kan bereiken; een weg die naar Zelfrealisatie leidt.

Yuga – tijdperk; er zijn vier *yuga's*: het *satya yuga* of *krita yuga* (het gouden tijdperk), *treta yuga*, *dwapara yuga* en *kali yuga* (het donkere tijdperk). Op het ogenblik leven we in het *kali yuga*. Men zegt dat de *yuga's* elkaar bijna eindeloos opvolgen.